70 gesunde und zuckerfreie Rezepte

Alicja Kurzius

INSULIN-RESISTENZ

natürlich behandeln

DAS KOCHBUCH

AF639037

riva

Inhalt

Vorwort

Liebe Leserin, lieber Leser,

du hast mein Buch *Insulinresistenz natürlich behandeln – das Kochbuch* gekauft und fragst dich vielleicht, wer ich bin, warum ausgerechnet ich diese Rezepte für Insulinresistente publizieren möchte.

Ich heiße Alicja Kurzius, bin 36 Jahre alt und Mama einer fünfjährigen Tochter. Selbst litt ich sehr viele Jahre an den Folgen der unbehandelten Insulinresistenz und postprandialen Hyperinsulinämie.

Zehn Jahre wurde ich mit der Thematik alleingelassen und nicht ernst genommen, bis ich schließlich Unterstützung in Polen gefunden habe. Dort gibt es eine Insulinresistez-Stiftung, die Ernährungsberatern und Ärzten beibringt, was bei dem Thema wichtig ist, vom Krankheitsbild bis zu den Behandlungsgrundsätzen. Das war eine schwere und lange Zeit, voller Enttäuschungen, Arztbesuchen, Trauer um jeden negativen Schwangerschaftstest, da die Insulinresistenz einen schlechten Einfluss auf meine Hormone hatte, Jo-Jo-Effekten und Symptomen, die mir das tägliche Leben sehr erschwert haben.

Heute führt Polen, was das Thema Insulinresistenz-Behandlung angeht, und ich bin stolz darauf, dass ich einmal ein Teil davon sein konnte.

Inzwischen begleite ich Insulinresistenz-Betroffene in Deutschland mit eigenen therapeutischen Ansätzen und einem dazu entwickelten wissenschaftlich fundierten Konzept.

Mein Projekt *Insulinresistenz ... der Weg zur Genesung* und *Insulinresistenz natürlich behandeln*, eine vollständig überarbeitete Neuausgabe von *Insulinresistenz – Der Weg zur Genesung*, haben bereits Tausenden Betroffenen geholfen, Insulinresistenz zu verstehen und in Remission zu bringen.

Als Ergotherapeutin mit siebenjähriger Erfahrung und Spezialisierung auf die Arbeit mit Insulinresistenz- und Hyperinsulinämie-Betroffenen kann ich heute viel effektiver und erfolgreicher als früher in Deutschland etwas bewegen, und es gibt jede Menge zu tun! Viele Patienten werden nämlich auch heute noch nicht erst genommen und mit ihren Problemen alleingelassen, weil den Ärzten das nötige Wissen darüber fehlt.

Als Initiatorin des ersten Insulinresistenz-Projekts in Deutschland (www.insulinresistenz.club) und Gründerin einer Insulinresistenz- und Hyperinsulinämie-Selbsthilfegruppe auf Facebook, die heute über 7.000 Betroffene jeden Tag nutzen können, habe ich vor allem das Ziel, Betroffene zu erreichen und auf ihrem Weg zu unterstützen.

Die Ernährungsempfehlungen in meinem Buch, »IR-konforme Ernährung« genannt, wurden mit mehreren Ernährungswissenschaftlern und -beratern sowie einer Biologin abgesprochen und sind wissenschaftlich fundiert. IR-konforme Ernährung bedeutet eine an die Störung also Insulinresistenz und Hyperinsulinämie und persönliche Dispositionen angepasste Ernährungsform.

Mir als Ergotherapeutin, die über viele Jahre den Kontakt zu den Betroffenen und Personen mit essgestörtem Verhalten hat, war immer wichtig, dass meine »IR-konforme« Methode so wenig restriktiv ist wie nur irgend möglich. Manchmal sind wissenschaftliche Studien im Allgemeinen die eine Sache, die Umsetzung eine andere, und das verliere ich nicht aus dem Sinn. Ganz oben steht für mich nicht der Inhalt einer Studie selbst, obwohl mir Beweise sehr wichtig sind, sondern der Mensch mit allen seinen Möglichkeiten und Emotionen.

Wenn du also restriktive Low-Carb-Rezepte, Fastentage oder Verbote erwartest, ist diese Methode eher nichts für dich. Als Therapeutin lege ich einen sehr großen Wert darauf, dass mein Konzept vor allem ganzheitlich und wissenschaftlich fundiert ist und dass du die Empfehlungen an deine persönliche Situation, ohne unnötigen Verzicht, anpassen kannst.

Wie ist das Konzept dieses Buchs zu verstehen?

Im Netz kursieren viele Tipps, Tricks und Literaturempfehlungen, die mit Ernährung und Abnehmen bei einer Insulinresistenz zu tun haben. Viele Empfehlungen widersprechen sich dabei selbst, was den Betroffenen die ganze Sache sehr erschwert.

In meinem Fokus stehen ein gesundheitsfördernder Lebensstil und die Verbesserung der für die Insulinresistenz relevanten Werte (zum Beispiel Glucosewerte oder die Insulinwerte vor und nach dem Essen) sowie als Nebeneffekt auch eine Gewichtsabnahme.

Spezialisten sowie Betroffene selbst verfolgen und empfehlen sehr restriktive und kurzzeitige Diätkonzepte, die oft als terminierte Abnehmdiäten gesehen werden – quasi Wundermittel gegen Insulinresistenz. Davon bin ich mittlerweile weit entfernt und eher Gegnerin von solchen Methoden. Als Betroffene kann man sich auch sehr schaden, wenn man sich nicht genau damit befasst, ohne ärztliche Kontrolle und ohne auf den eigenen Körper zu hören!

Beim »IR-konformen« Konzept stehen nicht Abnahme oder Verzicht, sondern gesunde Lebensgewohnheiten im Fokus. Es geht nicht um schnelle Gewichtsreduktion, sondern ums Verstehen und Bewusstwerden der eigenen Situation und der Störung an sich, im besten Fall dauerhaft. Betroffene sollen in erster Linie lernen, auf den eigenen Körper zu hören und die persönliche Lebenssituation, Vorlieben und die Methodik zu berücksichtigen, und zwar so, dass die insulinresistenzrelevanten Werte verbessert werden. Du selbst entscheidest, auf was du verzichten, was du reduzieren oder ersetzen möchtest oder eben was nicht.

Hilfe zur Selbsthilfe steht in meinem Projekt ganz oben. Und dabei geht es um viel mehr als nur um eine Gewichtsabnahme!

Keine der Hauptlebensmittelgruppen (Kohlenhydrate, Proteine/Eiweiß, Fett) wird und soll unnötig ausgeschlossen werden. Das ist auch gar nicht nötig, wie du im Folgenden erfahren wirst. Über die positiven Aspekte dieser Herangehensweise berichten immer mehr Betroffene in meiner Selbsthilfegruppe – es funktioniert!

Seit Jahren verbessern meine Leser/-innen ihre insulinresistenzrelevanten Werte und bringen die Insulinresistenz in Remission. Die Fertilität (Fruchtbarkeit) wird verbessert, und eine Gewichtsabnahme findet trotzdem statt, ohne Verzicht auf Kohlenhydrate oder tierische Produkte! Die Ära der restriktiven Diäten läuft langsam aus, und ich bin mir sicher, dass sie in ein paar Jahren ganz vorbei sein wird.

Immer mehr Spezialisten sprechen sich dafür aus, den Betroffenen die Grundsätze der gesunden Ernährung beizubringen, anstatt starre und restriktive Konzepte zu verfolgen.

Mein persönliches Anliegen, das ich vermitteln möchte, ist die Kombination von Lebensmitteln und nicht der Verzicht! Für dieses Kochbuch habe ich aus meinem Rezeptsammelsurium das Beste ausgewählt. Es ist also *das* Insulinresistenz-Kochbuch, auf das so viele gewartet haben. Wichtig dabei ist mir, dass die Rezepte vor allem abwechslungsreich und nicht zu kompliziert sind, aber dennoch möglichst originell. Du findest bewährte Gerichte und auch welche, die ich extra für dieses Buch und für dich neu kreiert habe.

Ich hoffe, auch deinen Geschmack dabei zu treffen, lass es mich gerne wissen!

Insulinresistenz verstehen

Was passiert bei einer Insulinresistenz in meinem Körper?

Bei einer Insulinresistenz reagieren die körpereigenen Zellen gestört auf Insulin – sie haben langsam und über einen längeren Zeitraum hinweg eine verringerte Insulinempfindlichkeit entwickelt[1]. Der Blutzucker kann vom Körper nur durch eine enorme Insulinausschüttung der Bauchspeicheldrüse stabilisiert werden – dies wird als Hyperinsulinämie bezeichnet. Das bedeutet, dass man eine Insulinresistenz oder Hyperinsulinämie auch bei guten Blutzuckerwerten haben kann.

Die Folge: Bei einer Insulinresistenz reagieren die Zellen schlechter auf das Insulin oder erst sehr spät. Der Zucker kann nicht aus dem Blut in die Zellen wandern, die Bauchspeicheldrüse produziert immer mehr Insulin, weil der Blutzuckerspiegel erhöht bleibt und ansteigt. Irgendwann lässt die Zelle es dann doch zu, der Zucker gelangt hinein, die Insulinproduktion wird wieder eingestellt. Bis dahin wurde aber viel mehr Insulin produziert als bei Menschen, die keine Insulinresistenz haben. Dieser Zustand nennt sich »Hyperinsulinämie«. »Hyper« kommt aus dem Griechischen und bedeutet »über« oder »übermäßig«.

Im Blut sammelt sich also übermäßig viel Insulin, damit die verlangsamte Reaktion der Zellen irgendwie kompensiert werden kann und doch noch genug Zucker aus dem Blut aufgenommen wird. Unterzuckerungssymptome können die Folge sein, aufgrund des daraus resultierenden Blutzuckerabfalls. Werden Insulinresistenz und die dabei oft diagnostizierte Hyperinsulinämie nicht behandelt, entwickelt sich mit der Zeit bei den Betroffenen oft, jedoch nicht immer, Diabetes Typ 2[4]. Dabei ist zu beachten: Ein Zusammenhang von Insulinresistenz und Hyperinsulinämie wird mit weiteren Krankheiten und Störungen in Verbindung gebracht oder zumindest vermutet.

Dazu zählen eine nicht alkoholbedingte Fettleber[2], abnorm niedrige oder hohe Blutzuckerspiegel (Hyper- und Hypoglykämie), unterzuckerungsähnliche Symptome wie Zittern, Benommenheit, Unruhe, Angst oder Panikgefühl, trotz grenzwertig-normalen Blutzuckerspiegels; Fettleibigkeit, Schlafapnoe[5], Depression[6], Alzheimer, Demenz[7], PCOS[8], die Schilddrüsenkrankheit Hashimoto-Thyreoiditis[9], Krebs[10], Sterilität[11] und das altbekannte metabolische Syndrom[12].

Eines der äußerlichen Zeichen von Insulinresistenz kann Acanthosis nigricans sein. Es handelt sich bei dem Phänomen um dunkle, »schmutzig« wirkende Hautverfärbungen, die oft in den Achselhöhlen, im Nackenbereich, auf den Fingerknöcheln oder sogar im Gesicht auftreten können[3]. Mit der Behandlung von Insulinresistenz verblassen diese oder verschwinden wieder vollständig.

Insulinresistenz sowie postprandiale Hyperinsulinämie (stark erhöhte Insulinwerte nach Belastungen oder Mahlzeiten) sollten ernst genommen und behandelt werden!

Die Folgen für den Betroffenen können das tägliche Leben beeinflussen und zu weiteren Erkrankungen sowie verkürzter Lebensdauer führen.

Mögliche Symptome: Selbsttest

- ❑ Erhöhte Schläfrigkeit und Unterzuckerungsymptome nach einer (vor allem kohlenhydratreichen) Mahlzeit
- ❑ Häufiger Heißhunger auf Süßes, unter anderem nach einer Mahlzeit, oder Fressattacken
- ❑ Probleme mit der Gewichtsabnahme trotz Ernährungsumstellung oder Diät (Insulinresistenz tritt aber auch bei Normal- und Untergewicht auf!)
- ❑ Erhöhte Müdigkeit und Antriebslosigkeit
- ❑ Konzentrationsschwierigkeiten
- ❑ Kopfschmerzen oder Migräne
- ❑ Gelenkschmerzen
- ❑ Depressive Verstimmung und Depression
- ❑ Zittern, Schwindel, Benommenheit
- ❑ Stärkere körperliche Reaktionen auf Stress
- ❑ Zyklusstörungen
- ❑ Männliche Behaarung bei Frauen

Wenn du die Mehrheit der Fragen angekreuzt hast, notiere dir diese und beschreibe die Symptome deinem Arzt. Sie können – müssen aber nicht – auf eine Insulinresistenz hindeuten!

Aufgezählt habe ich hier die Symptome, die Betroffene häufig bei einer Insulinresistez und Hyperinsulinämie beschreiben. Offiziell wird die Insulinresistenz in Deutschland nicht als eine anerkannte Erkrankung klassifiziert. Oft bezeichnet man sie als Diabetes Mellitus ICD-10, E13 (nach der internationalen Klassifikation von Krankheiten und Gesundheitsproblemen). An sich ist aber natürlich eine Insulinresistenz kein Diabetes Typ 2.

Viele dieser Symptome sind oft mit den Folgen einer Insulinresistenz verbunden und nicht immer mit der Insulinresistenz selbst.

Diabetes Typ 2 vs. Insulinresistenz

Diabetes Typ 2

- Es han delt sich um eine anerkannte Erkrankung.
- Die Blutzuckerwerte sind erhöht.
- Blutzuckermessungen sind als Kontrolle sinnvoll oder sogar nötig.
- Medikamente wie Metformin oder Insulinspritzen sind nötig, zu viel oder zu wenig Insulin ist im Körper.
- Konforme Ernährung und Bewegung verbessern Blutzuckerwerte und Befinden.
- Eine Insulingabe ist oft nicht mehr ausreichend für eine Remission.

Insulinresistenz

- Die Erkrankung ist nicht medizinisch anerkannt.
- Blutzuckerwerte sind niedrig, normal oder erhöht.
- Ein Blutzucker-Messgerät ist nicht notwendig (außer bei Unterzuckerungssymptomen/Hypoglykämie).
- Medikamente sind in den meisten Fällen nicht notwendig!
- Eine Insulingabe ist nicht nötig, da zu viel Insulin im Körper.
- Konforme Ernährung und Bewegung können die Insulin- und Glucosewerte verbessern.
- Eine konforme Ernährungs kann eine Remission der Insulinresistenz und Hyperinsulinämie ermöglichen, und in vielen Fällen von möglicher Remission von der Insulinresistenz.

Was kann Insulinresistenz fördern?

Um die Behandlung von Insulinresistenz nachvollziehen zu können und damit gezielt und bewusst den Symptomen und der der Entstehung von Diabetes Typ 2 sowie als Folge anderen Erkrankungen entgegenzuwirken, solltest du verstehen, welche Faktoren die Insulinresistenz fördern können.

Obwohl schon lange zu diesem Thema geforscht wird, sind die genauen Ursachen der Insulinresistenz immer noch nicht genau geklärt. Genetik, Lebensstil und unser Darm werden oft dabei erwähnt. Viele nennen hier auch das Übergewicht. Interessanterweise ist dabei zu beobachten, dass eine Insulinresistenz zwar oft mit Übergewicht assoziiert[13] wird, aber immer mehr Personen ohne Gewichtsprobleme davon betroffen sind.

Also, wenn dein Arzt dich nicht untersuchen möchte, weil du kein Übergewicht hast, bestehe drauf, wenn du eine Insulinresistenz oder postprandiale Hyperinsulinämie bei dir vermutest. Eine Insulinresistenz kann auch bei untergewichtigen Personen vorkommen und sogar bei Magersüchtigen.

Dabei spielen Alter und Geschlecht keine Rolle. Auch Sportler und Kinder sind betroffen. Eine Insulinresistenz macht also vor keinem Halt.

Für die Entstehung einer Insulinresistenz sind nicht nur genetische Faktoren, Stress, mangelnder Schlaf, Hygiene oder Gewicht ausschlaggebend, sondern vor allem das, was wir essen.

Erstaunlicherweise beobachte ich immer wieder in meiner Selbsthilfegruppe, dass Betroffene ihren Gesundheitszustand schon innerhalb von ein paar Wochen verbessern können, wenn sie sich IR-konform ernähren, egal, wie gesund sie davor gegessen haben. Leider steckt das Teufelchen da manchmal im Detail.

Ein stetiger Überkonsum von ungesunden Lebensmitteln, Zucker und stark kohlenhydrathaltigen Produkten in Verbindung mit schlechten Fettquellen, die einen hohen Glykämischen Index (GI) oder eine hohe Glykämischer Last (GL) aufweisen, lassen den Blutzuckerspiegel dauerhaft auf einem hohen Niveau und führen letztlich zu krankhaft erhöhtem Insulinspiegel im Blut.

Folge: Insulinresistenz und postprandiale Hyperinsulinämie, die zu einer allgemeinen Hyperinsulinämie führen kann.

Auch gesunde Lebensmittel, die einen hohen Glykämischen Index haben und oft schlecht kombiniert gegessen werden, können dazu führen. Über die Glykämie von Lebensmitteln erfährst du nachfolgend noch Genaueres.

IR-konforme Ernährungsumstellung und die Kombination von Lebensmitteln

Ziel ist eine dauerhafte, an die Insulinresistenz angepasste Lebensstilumstellung. Diese muss individuell angepasst werden. In dem Fall, dass du keine Unterstützung von einen Ernährungsberater bekommst, nutze die Tipps aus meinen Büchern.

Empfehlenswert sind Ernährungsformen, die lang genug erforscht wurden und nicht restriktiv sind oder auf Verboten basieren.

Dazu zählen beispielsweise die Mittelmeer- und DASH-Diät (fett- und salzarme Ernährungsform mit hohem Anteil an Gemüse und Obst sowie weniger, aber dafür gute Fettquellen) oder eine Ernährung, die auf einem niedrigen oder mittleren Glykämischen Index basiert – also Lebensmittel bevorzugt, die den Blutzuckerspiegel nur mäßig bis gar nicht belasten. Du kannst auch alle diese drei Modelle miteinander verbinden, wenn du möchtest. Alle drei basieren nämlich auf sehr ähnlichen Grundsätzen.

Wie sich diese Umstellung gestaltet, ist für jede Person individuell zu betrachten. Neben der Ernährungsumstellung (Gemüse als Basis), mehr Bewegung (150 aktive Minuten in der Woche) und weniger Stress (Self- und Mindcare) gilt es, auch ein gesundes Schlafverhalten zu entwickeln (mindestens acht Stunden Schlaf pro Nacht). Dies sind auch die vier Säulen des »Insulinresistenz-Behandlungskonzepts« in meinem Projekt *Insulinresistenz – der Weg zur Genesung* und der vollständig überarbeiteten Neuauflage *Insulinresistenz natürlich behandeln*.

Was bedeutet es, sich IR-konform zu ernähren?

Du hast jetzt ein wenig Theorie erfahren und fragst dich vielleicht, was das alles jetzt für dich bedeutet. Was du genau ab jetzt tun könntest, um deiner Insulinresistenz entgegenzuwirken? Was du im Alltag beachten solltest und was bei deiner Ernährungsumstellung wichtig ist, fasse ich hier so unkompliziert wie möglich zusammen.

Achte auf deine Ernährung

Wähle Lebensmittel, die gesund und möglichst industriell unbehandelt sind, am besten ohne zugesetzten Zucker.

Deine Ernährung sollte ausgewogen sein. Da ist der »bunte Teller« immer eine gute Art der Visualisierung. Gesund und bunt – dies bedeutet, dass man sich aus der breiten Palette der Gemüsevielfalt bedienen darf. Nicht langweilig, sondern abwechslungsreich – jeden Tag sollten zum Beispiel circa 400 Gramm Gemüse und eine kleine Menge Obst verzehrt werden.

Die Ernährungsumstellung ist im besten Fall kein aufgezwungenes »Muss«, sondern ein bewusstes und überlegtes Handeln. Für die Personen, die gerne kochen oder Neues ausprobieren, ist sie sogar mit Spaß verbunden. Das erhöht die Chancen, dauerhaft dabeizubleiben. Oft essen wir bei Diäten immer die gleichen Lebensmittel, das ist einfacher und geht schneller, und nach ein paar Wochen stürzen wir uns förmlich auf die Lebensmittel, die wir eigentlich mögen, uns aber verboten haben.

Das ist in den meisten Fällen der falsche Weg beziehungsweise der Weg, der zum Jo-Jo-Effekt führt, und dies wiederrum zu Frustration, der Verschlechterung von insulinresistenzrelevanten Werten (Glucose, aber auch Hormone wie Testosteron) und in vielen Fällen zu noch höherem Gewicht als davor. In meinem Konzept geht es schon lange nicht mehr um Verbote. Das war auch der Grund, warum ich es entwickelt habe. Fast jede deiner Lieblingsmahlzeiten oder -zutaten lässt sich sicherlich austauschen oder ersetzen. Auf manches musst du aber vielleicht gar nicht mehr verzichten. Auch wenn manches an sich einen höheren Glykämischen Index hat, kann es kombiniert trotzdem verzehrt werden, wie die folgenden Beispiele zeigen.

Trinkt man Obstsaft pur zwischen den Mahlzeiten, wird der Blutzucker schneller nach oben steigen und somit auch das Insulin. Das kann zu Symptomen führen wie Unterzuckerung (Unruhe, Zittern, Benommenheit). Trinkt man eine kleine Menge zu einer ausgewogenen und IR-kombinierten Mahlzeit, wird die Aufnahme verlangsamt und die glykämische Reaktion »gesenkt«. Die Kurve ist dann flacher und wird in der Zeit auch verlängert. (Es treten weniger bis kaum Symptome auf, je nach Kombination und persönlicher Reaktion auf Lebensmittel.)

Das gilt auch zum Beispiel für Vollkornbrot, dessen Glykämischer Index (GI) ja nicht gerade sonderlich niedrig ist (GI zwischen 60 und 70). Kombiniert man das Brot aber »IR-konform«, sieht die Welt schon wieder ganz anders aus.

Zusätzliches Fett, Eiweiß sowie Ballaststoffe ermöglichen genau diese Verlangsamung der Aufnahme und »senken« damit die glykämische Reaktion. Daraus folgen eine bessere hormonelle Balance, verbesserte Fruchtbarkeit, weniger Heißhunger, Senkung der Entzündungen im Körper, ein verbessertes Hautbild und verringertes Krankheitsrisiko.

Genau auf diesem Prinzip basiert die Empfehlung der IR-konformen Ernährung in diesen Buch, und so wurden auch die Rezepte im Anschluss kreiert.

Viele Betroffene sind davon begeistert, vor allem, wenn sie davor dachten, auf jegliche Art der Kohlenhydrate und Lieblingslebensmittel für immer verzichten zu müssen. Das denken leider noch heute viele Betroffene, weil man nach wie vor Insulinresistenz mit sehr restriktiven Diäten in Verbindung bringt, zum Beispiel der Low-Carb-Methode, Ketoernährung, Fasten und Verboten bestimmter Lebensmittel. Viele bekommen auch solche Empfehlungen von Spezialisten. Das muss aber in den meisten Fällen gar nicht sein!

Versuche also, stark verarbeitete Lebensmittel zu meiden, oder entscheide dich für diese *bewusst*, aber eben seltener als bis jetzt. Achte dann umso mehr auf die in diesem Buch beschriebene *Kombination* von Produkten, die dir hilft, deinen Blutzucker zu stabilisieren und die glykämische Reaktion auf das Essen zu senken.

Achte auf die *Verarbeitungsprozesse*, zum Beispiel lang gekochte, pürierte oder gepuffte Lebensmittel. Alle diese Vorgänge erhöhen den Glykämischen Index, darum versuche, den Konsum zu reduzieren.

Je mehr dein Körper mit der Verdauung der Lebensmittel zu tun hat, desto langsamer steigen dein Blutzucker und Insulinspiegel. Du bist dann auch länger satt und vermeidest so damit oft Heißhunger.

Ein gutes Beispiel hierfür ist Obst. Ein Obststück beinhaltet eine deutlich höhere Zahl an Ballaststoffen als sein Saft. Es wird dir vermutlich viel besser nach dem Verzehr eines Apfels gehen als nach dem Trinken von Apfelsaft. Das Gleiche gilt für Bananen. Wenn du eine Banane noch mit einem Joghurt und ein paar Nüssen kombinierst und dich für die weniger reife Version entscheidest (noch grünlich/kleineres GI), wird dies die glykämische Reaktion deutlich verlangsamen und zu geringeren Glukosespitzen führen.

Entscheide dich möglichst oft für langkettige, komplexe Kohlenhydrate wie zum Beispiel Haferflocken, Naturreis, Graupen, Hülsenfrüchte oder Vollkornnudeln. Sie sind ein wertvoller Bestandteil der Nahrung, der wichtige Ballaststoffe beinhaltet und langsamer verdaut wird.

Nasche nicht zwischendurch. Das führt zu einer ständigen Blutzuckersteigerung beziehungsweise Insulinausschüttung. Dies kann als Folge zur Senkung der Sensibilität gegenüber den Zellen für Insulin führen, und das wiederum verschlechtert die Insulinresistenz selbst.

Bei Kohlenhydratquellen setze möglichst oft auf Hülsenfrüchte und Vollkorngetreide.

Hülsenfrüchte sowie Lebensmittelprodukte, die daraus entstehen, sind besonders interessant bei Insulinresistenz. Hülsenfrüchte und Soja können Mechanismen beeinflussen, welche die Insulinsensitivität der Zellen verbessern[16, 17]. »Soja und Hülsenfrüchte gehören zur Pflanzenfamilie der Leguminosen und sind als Proteinquelle ein wichtiger Bestandteil einer gesunden Ernährung. Zusätzlich sind sie reich an Ballaststoffen und komplexen Kohlenhydraten und enthalten kein Cholesterol. Verschiedene Studien haben gezeigt, dass Leguminosen eine Insulinresistenz verbessern können. Hauptsächlich führte man diesen Effekt bisher auf die positive Wirkung der enthaltenen Antioxidantien zurück, die Forschung zeigt jedoch, dass Hülsenfrüchte und Soja viele weitere Mechanismen beeinflussen können, welche die Insulinsensitivität der Zellen verbessern. Linsen und Bohnen sollten daher regelmäßig in unsere Ernährung eingebaut und IR-konform mit den anderen Lebensmittelgruppen kombiniert werden« (siehe *Behandlungskonzept Insulinresistenz – der Weg zur Genesung*, A. Kurzius und A. Dreier)

Achte auf den Glykämischen Index und die Glykämische Last von Produkten sowie die glykämische Last der ganzen Speise.

Hierzu kannst du im Netz nach Tabellen suchen oder unser »Teller-Prinzip« nutzen, das ich persönlich empfehle. Wenn man weiß, welche Lebensmittel konform sind, muss man dies nicht jedes Mal berechnen. Viele Betroffene kommen mit dem Teller-Prinzip viel besser zurecht und empfinden es als weniger restriktiv.

DEIN INSULINRESISTENZ-TELLER

DIE KONFORME LEBENSMITTEL-VERTEILUNG BEI DER MAHLZEIT

GEMÜSE UND OBST

Bei Gemüse:
Z.B. Gurke, Paprika, Zucchini, Tomaten, Salat ...
Bei Obst:
Z.B. Beeren und Zitrusfrüchte

STÄRKEBEILAGEN

konforme Kohlenhydratquellen z.B. Hülsenfrüchte, Vollkorngetreide, stärkehaltiges Gemüse

GESUNDE FETTE

z.B. Lein-, Raps- und Olivenöl
Nüsse und Samen zum Verfeinern von Speisen

PROTEINE

Fisch, Fleisch, Molkeprodukte, Tofu, Nüsse, Saaten ...

TRINKEN

Min. 1,5 Liter Wasser täglich

BEWEGUNG

körperlich aktiv bleiben

Glykämischer Index und Glykämische Last, was ist das?

Der Glykämische Index (GI) ist das Maß für den Anstieg des Blutzuckers nach dem Essen. Je langsamer der Blutzuckerspiegel steigt, desto länger hält das Sättigungsgefühl an, und es entsteht eine »ruhige« Steigerung, also ein langsamer Anstieg und somit eine langsamere Ausschüttung von Insulin.[19, 20]

Welche Produkte genau empfohlen werden, findet man im Internet in einer Tabelle mit der Auflistung des Glykämischen Indexes. Aussagekräftige Angaben für den GI und die GL findest du unter anderem auf der Seite der University of Sydney: www.glycemicindex.com. Diese Klassifikation teilt die Produkte folgendermaßen auf:

GI NIEDRIG (GI < 55)

GI MITTEL (GI 55–70)

GI HOCH (GI > 70)[18]

Sind alle Lebensmittel, die einen niedrigen GI haben, automatisch konform? Nein! Ein niedriger GI allein macht das Lebensmittel nicht gleich IR-konform.

Ein für uns viel wichtigerer Aspekt ist die Glykämische Last (GL) und die Kombination der Speisen. Dieser Wert berechnet sich aus dem Glykämischen Index und dem Anteil an Kohlenhydraten im Lebensmittel und spiegelt den ausgelösten Insulinbedarf wider[21]. Wir sollten daher immer beide Werte beachten und möglichst gering halten[22].

Glykämische Last pro Tag (Summe der GL aller Speisen)[23]

GL NIEDRIG: 69 UND WENIGER

GL MITTEL: 70–119

GL HOCH: 120 UND HÖHER

Die Ampel-Methode kann helfen, den GI besser zu verstehen.

♥ = ist konform und kann in großen Mengen gegessen werden

♥ = kann gut kombiniert werden und größeren Mengen können verzehrt werden

♥ = nicht konform und kann in kleinen Mengen gegessen werden (Bei zwei roten Herzen solltest du auf dieses Produkt verzichten.)

GL♥GI♥: Gemüse zum Beispiel kann in großen Mengen gegessen werden. Es liefert Vitamine, und die Ballaststoffe sorgen für ein längeres Sättigungsgefühl.

GL♥ GI♥ – Diese Kombination ist gut geeignet.

GL♥ GI♥ – Diese Kombination ist gut geeignet.

Folgende Nahrungsmittel sollten nicht in allzu großen Mengen oder allein verzehrt werden: Vollkornnudeln al dente, Buchweizen oder Vollkornreis beispielsweise kombiniere immer gut mit Gemüse, Eiweiß und Fett.

GI 🧡 GI 🧡

GL ❤️ GI 💚

GL 💚 GI ❤️

Beispiel: ❤️ 💚 50–100 g ungekochte Nudeln kombiniere (je nach persönlichem Kohlenhydratbedarf) immer IR-konform.

Beispiel: 🧡 🧡 Auch Süßkartoffeln sollten gut kombiniert werden.

Beispiel: 💚 ❤️ Wassermelone hat pro 100 g sehr wenige Kohlenhydrate. Sie kann (wegen der GL) mit Nüssen kombiniert werden oder in kleineren Mengen auch mit allem, wenn du darauf ohne Symptome reagierst und dich gut fühlst.

Produktgruppen mit folgenden Kombinationen sollten selten gegessen, vermieden oder nur als bewusste Ausnahmen eingeplant werden:

GL 🧡 GI ❤️

GL ❤️ GI 🧡

GL ❤️ GI ❤️

Dazu gehören Pommes frites, Chips, weißes Brot, Süßigkeiten, sehr reife Bananen sowie ungesunde Lebensmittel, die deinen Blutzucker und dein Insulin stark steigen lassen (meist handelt es sich um einfache Kohlenhydrate und ungesunde Fettquellen).

Fleischkonsum

Reduziere deinen Fleischkonsum, du musst aber ab jetzt nicht vegetarisch leben und auf Fleisch verzichten, wenn du es nicht willst.

Eine Reduktion und bewusster Fleischkonsum sind jedoch empfehlenswert. Vor allem industriell verarbeitetes Fleisch enthält oft gesundheitsschädliche Stoffe, die in Zusammenhang mit Insulinresistenz, Diabetes und weiteren metabolischen Krankheiten stehen können. Somit ist hier Obacht geboten.

Wurstwaren enthalten oft versteckten Zucker, und abgepackte Ware ist schwer in einer sehr guten Qualität zu finden. Hier können auch andere Stoffe wie gesättigte Fettsäuren und Salze enthalten sein, die, wenn sie im Übermaß konsumiert werden, als gesundheitsschädlich gelten.

Auch die Art der Zubereitung kann schädliche Stoffe begünstigen. Werden tierische, fett- und proteinreiche Produkte großer Hitze ausgesetzt, zum Beispiel durch Grillen oder Frittieren, kann es zu Bildung von Toxinen kommen, die chronische Entzündungen auslösen können, Arterien verstopfen und Bluthochdruck fördern. Sie lassen Muskeln und Sehnen versteifen und stehen zusätzlich in Verbindung mit Insulinresistenz[24].

Versuche am besten, das Braten und Frittieren von allen Lebensmitteln auf ein Minimum zu beschränken.

Zuckerarten

Zuckerarten, auf die du achten solltest, findest du in Form eines Einkaufshelfers für dein Portemonnaie auf meiner Website (www.insulinresistenz.club.de): Downloads – Insulinresistenz – Der Weg zur Genesung (Kostenlose Hilfen für Betroffene)

IR-konform

Insulinresistenzkonforme Ernährungsweise, das bedeutet: »an deinen Zustand angepasst«.

Diese Aussage kann oft falsch interpretiert werden. Viele versuchen, bei ihrer Ernährung vor allem auf niedrige Insulin- und Glukosewerte zu achten (zum Beispiel durch restriktive Anpassung der Kohlenhydrate ohne nur einen Gramm Zucker, lange Pausen zwischen den Mahlzeiten usw.). ABER! Auch wenn unsere Gesellschaft Gewichtproblemen und dem Angebot hochkalorischer Lebensmittel durch Verzicht entgegenwirken will, ist dies oft der falsche Weg. Vielen Menschen kann so ein Diätmodell schaden. In meinem Konzept geht es nicht um Verzicht.

Mir ist somit auch wichtig, dass du die »IR-konforme Methode« nicht wie eine Art Bibel ansiehst, sondern dass du diese als Theorie annimmst und anschließend selbst an dein persönliches Leben anpassen kannst. Betrachte meine Tipps also nicht als Gebote oder Verbote.

Wichtige Punkte der IR-konformen Ernährung

Beachte bei deiner Ernährung folgende Aspekte: die Zutaten, die Menge von Kohlenhydraten, Anzahl und Reihenfolge der Mahlzeiten, Pausen, die Verarbeitung und die Kombination der Lebensmittel. Auch die Kalorienzahl, die du zu dir nimmst, ist dabei wichtig, vor allem wenn du Probleme mit deinem Gewicht hast.

Anzahl der Mahlzeiten

Empfohlen werden drei bis fünf Mahlzeiten am Tag. Betroffene, die zur Unterzuckerung neigen, sollten die Anzahl an die Symptome anpassen. Viele nehmen fünf kleine, gut ausgewogene Mahlzeiten am Tag zu sich, um der Unterzuckerung zu entfliehen und somit den Blutzucker zu stabilisieren. Drei Mahlzeiten bevorzugen Betroffene, denen es mit nicht restriktivem intermittierenden Fasten (Intervallfasten) besser geht. Ein stärkeres Fasten kann zu Symptomen führen, ist schlecht für die Nebennieren und sollte bei der Einnahme von Metformin (ein rezeptpflichtiges Diabetes-Medikament, das oft bei Insulinresistenz eingesetzt wird) nicht betrieben werden. Fasten kann sogar bei manchen Fällen zu destruktivem Hungern (Hungern als Selbstbestrafung) führen. Intervallfasten oder andere Formen des Fastens sollte deshalb zuvor mit dem Arzt besprochen werden.

Pausen zwischen den Mahlzeiten müssen persönlich angepasst werden und können beispielweise zwischen drei und fünf Stunden dauern. In seltenen Fällen kann es sogar in beide Richtungen abweichen.

Reihenfolge der Speisen

Iss als Erstes am besten immer die Lebensmittel, die den kleinsten Glykämischen Index haben. Fange beispielsweise mit Salat oder Gemüse an. Es verlangsamt die Aufnahme im Darm und sorgt für eine geringere glykämische Reaktion.

Die Ballaststoffe im Gemüse sind gut für deinen Dünndarm und verzögern den Verdauungsprozess, dadurch wird die Glukose aus dem Rest der Mahlzeit langsamer und weniger aufgenommen.

Verarbeitung und Kombination von Speisen

Mechanische Verarbeitung von Lebensmitteln wie zum Beispiel Pürieren erhöht den Glykämischen Index. Das heißt nicht, dass du lebenslang darauf verzichten musst, sondern darauf achten solltest, dies nicht zu oft zu machen. Das gilt auch für das Kochen von Gemüse und kohlenhydrathaltigen Lebensmitteln. »Al dente« ist hier die Devise. Bei kohlenhydrathaltigen Lebensmitteln kann man auch den Effekt der »resistenten Stärke« für sich nutzen, indem man die gekochten Produkte einmal vollständig erkalten lässt. (Danach kann man diese auch wieder warm machen.) Somit wird ein kleiner Teil der Stärke in Produkten wie Nudeln, Kartoffeln, Reis oder Graupen umgewandelt, und die Produkte können dadurch einen kleineren Einfluss auf die Glykämie haben.

Koche dein Gemüse so, dass es noch knackig ist. Bereite deine Nudeln bissfest zu. Statt feinkörnige Porridges zu kochen, lasse grobe Haferflocken lieber über Nacht einweichen. Sogenannte Overnight Oats sind eine großartige Variante bei Insulinresistenz. Gut kombiniert mit Nüssen, Joghurt und Obst können sie bei Insulinresistenz eine tolle Frühstücksidee sein, wenn du sie gut verträgst. Ein passendes Rezept findest du in diesem Buch (siehe S. 46).

Versuche, deine Mahlzeiten immer gut zu kombinieren. Dies bedeutet, dass du im Idealfall während einer Mahlzeit von jeder Komponente etwas auf dem Teller hast.

Kombiniere komplexe Kohlenhydratquellen wie Hülsenfrüchte, Vollkornnudeln, Süßkartoffeln oder Graupen mit viel Gemüse, einer Eiweißquelle wie Fleisch, Fisch, Eier, Tofu, Nüsse oder Milchprodukten und einer gesunden Fettquelle, zum Beispiel Olivenöl, Nüsse oder Saaten.

Wissenswert

Die Kombination aller Komponenten der Ernährung ist wichtig, denn die einzelnen Bestandteile unterstützen sich gegenseitig. Dabei ist es hilfreich, die Kohlenhydratmenge auf alle Mahlzeiten aufzuteilen. Wenn du beispielsweise fünfmal am Tag isst und dein Kohlenhydratbedarf bei 170 Gramm am Tag liegt, empfiehlt es sich, dass du diese auf alle Mahlzeiten aufteilst. So isst du 34 Gramm Kohlehydrate pro Mahlzeit, was eine geringere glykämische Reaktion ermöglicht, als wenn du die 170 Gramm auf einmal zu dir nehmen würdest.

Getränke

Achte in der ersten Linie darauf, dass du ausreichend Wasser trinkst, etwa zwei Liter am Tag. Durst wird oft mit Hungergefühl verwechselt. Achte aber dabei auch auf den Zuckergehalt. Getränke und Lebensmittel mit Süßstoffen können Heißhunger und die Lust auf Süßes auslösen. Somit sollte der Umgang mit diesen Produkten bewusst sein. Empfohlen werden Wasser und Kräutertees. Ausreichend trinken ist allgemein für unsere Gesundheit wichtig, Wasser hilft, wichtige Prozesse im Körper zu regulieren, und kann dich dabei unterstützen, deinen Hunger zu steuern. Wenn du dehydriert bist, kannst du ähnliche Symptome haben wie bei einer Insulinresistenz: Benommenheit, Kopfschmerzen oder Schwindel.

Körperliche Aktivität

Tägliche Bewegung und regelmäßiger Sport erhöhen die Anzahl an Insulinrezeptoren und lassen die Zellen so besser auf das Insulin reagieren. Circa 10.000 Schritte am Tag, Krafttraining und 20 aktive Minuten täglich können dir dabei helfen, deine Werte zu verbessern und Symptome zu reduzieren. Bleib aktiv. Bewegung nach dem Essen kann dir helfen, den Blutzucker zu stabilisieren!

Die Glucose, die nach einer Mahlzeit ausgeschüttet wird, kann durch Bewegung (unmittelbar nach dem Essen) wie Putzen, Spazierengehen oder Sport, helfen, den Blutzucker zu stabilisieren, denn sie kann dann als Energie genutzt werden. Was zu einer geringeren Ausschüttung von Insulin führt und somit zu weniger Symptomen. Dies wiederum hat einen allgemein positiven Einfluss auf die Insulinresistenz selbst und dein Befinden nach einer Mahlzeit. Viele Betroffene fühlen sich nach dem Essen träge und schläfrig – die IR-konforme Kost und Bewegung kann dem entgegenwirken.

Selbstliebe und Selbstakzeptanz

Unter Umständen kann der Prozess der Lebensstilumstellung ein paar Jahre dauern. Meist unterschätzte Faktoren bei Konzepten der Ernährungsumstellung und Gewichtsreduktion sind die Selbstliebe und Akzeptanz der eigenen Situation. Dabei sollten diese nicht zum Stagnieren verleiten, sondern dem eigenen Bewusstsein von Stärken und Schwächen dienen:

»Ich bin übergewichtig und krank, aber ich akzeptiere es und unternehme einfach nichts dagegen.«.

Zu einer solchen Einstellung hat jeder das Recht. Bei manchen Menschen kann Verhalten aber einfach ein strategischer Modus sein, um nicht aus der Komfortzone herauszumüssen. Da hilft es nur, ehrlich mit sich selbst zu sein. Bei der Selbstakzeptanz geht es mir also nicht um Stagnation, sondern vielmehr um das Bewusstsein für den eigenen Körper und das realistische Einschätzen der eigenen Situation:

»Ich bin übergewichtig, fühle mich nicht gut damit, aber lasse nicht den Kopf hängen und arbeite weiter an mir selbst.«

Dieser Satz drückt eine selbstbestimmende Disziplin aus, um neue Gewohnheiten zu entwickeln, die zum Erfolg führen. Sie sind oft nur dann umsetzbar, wenn der »Kopf« mitmacht. Das überschätzen viele Betroffene. Es ist schwer, sich um sich selbst zu kümmern, wenn die Gedanken ständig woanders sind, wenn Konflikte nicht verarbeitet werden können oder wenn man ständig innere Unruhe verspürt und nicht bereit ist oder bereit sein kann, das Leben neu anzupassen. Der Betroffene empfindet dann nur mehr Frust, weil sich die Umstellung immer wieder wie ein Kampf anfühlt.

Wie einfach es für Spezialisten ist, zu sagen: »Nehmen Sie einfach ab! Dann ist alles gut!« Unabhängig davon, dass diese Aussage nicht mal stimmen muss, da eine Gewichtabnahme die Insulinresistenz sogar durch falsche Ernährung verschlechtern kann, ist das leider nicht immer so einfach.

Wenn du also das Gefühl hast, dass du sehr gern vorwärtskommen möchtest, es aber nicht schaffst, solltest du auf jeden Fall überlegen, wieso das so ist, und gegebenenfalls professionelle Hilfe in Betracht ziehen.

Selbstfürsorge und Mindset-Arbeit können dir helfen, bewusster und stressfreier zu leben. Lies ein gutes Buch, höre deine Lieblingsmusik, meditiere, übe Yoga, gehe spazieren, male ein Bild, nimm dir eine Auszeit. Gehe mit dir selbst bewusst und liebevoll um. Betroffene sollten in erster Linie sich selbst kennenlernen und ihren Lebensstil so lenken, dass er bei guter Gesundheit beibehalten werden kann. In diesem Buch findest du viele Tipps dazu.

Auf was sollte man bei einer Ernährungsumstellung bei Insulinresistenz noch achten?

Es ist also klar, dass kurzfristige Diäten bei einer Insulinresistenz keine gute Idee sind. Sie können zwar rasch helfen, aber leider nicht für lange.

Restriktive Diätkonzepte sind oft nicht langfristig angesetzt und vermitteln ein falsches Bild von einer gesunden Ernährung[14]. Das Ende einer Diät wird zudem häufig durch den Jo-Jo-Effekt eingeläutet, nicht selten verbunden mit daraus resultierendem ungesunden Essverhalten. Das Übergewicht kehrt dann oft zurück, die Bauchspeicheldrüse und die insulinempfindlichen Körperzellen werden erneut stark belastet und reagieren umso sensibler, wenn man in die alten Muster verfällt. Bei manchen kann genau das die Insulinresistenz auslösen.

Viele der Betroffenen entwickeln oft nach jahrelangen Diäten Angst vor bestimmten Lebensmitteln oder vor der Uhrzeit der letzten Nahrungsaufnahme am Tag. Nach 18 Uhr wird nichts mehr gegessen, und Kohlenhydraten wird eine böse Kraft zugeschrieben. Sogar Obst wird gemieden, obwohl es Vitamine und Ballaststoffe liefert. Bei vielen manifestieren sich diese Gedanken so stark, dass die Betroffenen ein falsches Essverhalten entwickeln bis hin zu Essstörungen.

Eine langfristige Umsetzung der Ernährungsumstellung ist daher sehr wichtig. In den meisten Fällen spielt sie die zentrale Rolle. Es sollte aber nicht nur um die Gewichtsreduktion gehen, sondern vor allem darum, die Blutzuckerwerte und Insulinausschüttung zu stabilisieren.

Die Gewichtsreduktion, die von manchen Patienten angestrebt wird, ist natürlich nicht unwichtig. Vor allem bei Frauen, aber auch bei Männern, ist es sinnvoll, den Bauchumfang zu minimieren, um die Viszeralfettmenge zu reduzieren. Viszeralfett erhöht nämlich das Risiko für Krankheiten, Entzündungen und ein hormonelles Ungleichgewicht. Dies wiederum steht mit Insulinresistenz in Verbindung.

Die Abnahme sollte jedoch primär durch Anpassung der Kalorienaufnahme gesteuert werden und nicht durch Verzicht auf Lebensmittel!

Reduktion von Körpergewicht = Kaloriendefizit. Warum dann eine Ernährungsumstellung?

Je IR-konformer man isst, desto einfacher kann man abnehmen, weil der Blutzuckerspiegel und das Insulin stabilisiert werden, da das Insulin an sich die Bildung von Fettzellen begünstigt. Die Methode der Kombination von Lebensmitteln hilft zusätzlich, dem Absturz von Glucose zwei Stunden nach der Mahlzeit entgegenzuwirken; die Kurve wird flacher und die Insulinausschüttung nach den Mahlzeiten gesenkt. Somit kann auch die postprandiale Hyperinsulinämie als Folge davon verbessert werden.

Auch Entzündungen im Körper können gesenkt werden sowie das Risiko, an Erkrankungen wie Diabetes Typ 2 zu leiden. Daraus resultierend wird auch die Symptomatik schwächer oder verschwindet ganz. Das Befinden von Betroffenen wird besser, sie können wieder unproblematischer den Alltag bewältigen. Eine Gewichtsabnahme ist zudem nicht immer gleichzuetzen mit der Verbesserung von deinen Insulinresistenz-relevanten Werten.

Es gibt Betroffene, die ihre Werte verbessern, aber nur wenig an Gewicht verlieren, und andererseits diejenigen, die viel Gewicht verlieren, aber deren Werte sich sogar verschlechtern. Am besten ist es, wenn beide Faktoren angepasst werden. Auch den nicht übergewichtigen Patienten kann eine Abnahme von etwa fünf Prozent Körpergewicht verhelfen, die Werte zu verbessern.

Betroffene mit Untergewicht sollten jedoch aufpassen und sich mehr auf die Lebensmittelanpassung konzentrieren als auf eine Gewichtabnahme. Und für alle empfiehlt sich auch eine ärztliche Betreuung.

Darf ich wirklich alles essen?

Ja, an und für sich darfst du! Hier geht es aber nicht darum, ob du es darfst oder nicht, sondern vielmehr darum, ob du es weiterhin möchtest.

So ganz ohne Restriktion geht es auch in meinem Projekt nicht. Der vielleicht »extremste« Punkt in dem IR-konformen Konzept ist die Reduktion von Zucker. Manche entscheiden sich zu Beginn sogar für einen kompletten Zuckerverzicht, um zum Beispiel die Sucht nach Zucker zu unterbrechen.

Viele Betroffene entscheiden sich dann schnell für die IR-angepassten Ausnahmen, das heißt, die Lieblingsgerichte und Desserts werden aus Ersatzprodukten und IR-konformen Lebensmitteln kreiert. Damit können sie lernen, wie sie in Zukunft mit dem Genuss von zuckerhaltigen Speisen umgehen wollen. Passende Rezepte findest du in diesem Buch.

Versuche, grundsätzlich bei der Umstellung auf zugesetzten Zucker zu verzichten – achte dabei darauf, was dieser Verzicht mir dir macht. Wenn der Verzicht auf Zucker eine gesteigerte Lust auf Süßigkeiten mit sich bringt oder für Heißhungerattacken sorgt, dann wäre es besser, Zucker nur zu reduzieren und bewusst einzuplanen, als ihn sich zu verbieten.

Prüfe hierzu immer die Zutatenliste eines Rezepts und achte auf die verschiedenen Umschreibungen von Zucker und vor allen, wie du darauf reagierst. Natürliche Alternativen wie Agavendicksaft, Kokosblütenzucker oder Honig sind für Menschen mit Insulinresistenz auch nicht ideal. Trotzdem sind diese Lebensmittel nicht verboten. Es wäre schön, wenn du dich von Verboten und Geboten, was die Ernährung angeht, verabschiedest.

Dein Essen ist nicht gut oder schlecht. Es ist einfach nur Essen, das dir wichtige Vitamine und Nährstoffe sowie Energie liefern soll.

Manche Lebensmittel verschlechtern allerdings unsere Gesundheit – das ist ein Fakt. In diesem Fall funktioniert *bewusstes Handeln* besser als starre Verbote.

Vermeide das, was dir nicht guttut. Nicht weil du es musst, sondern weil du es so willst und kannst.

Die IR-konforme Methode hat den Vorteil, dass man viele Lebensmittel durch die Kombination weiterhin nutzen kann, auch Kohlenhydrate oder Zucker, wenn man möchte. Das macht die IR-konforme Ernährung eben aus, und darauf sind die Rezepte in diesem Buch ausgerichtet. Natürlich kann man sie persönlich anpassen, da jeder auf bestimmte Lebensmittel anders reagieren kann.

Manche Menschen vertragen zum Beispiel Milch sehr gut, andere weniger – hierfür kann es hilfreich sein, sich über den Insulin-Index zu informieren. Dieser ähnelt dem Glykämischen Index, bezieht sich aber nicht auf die Glucose, sondern auf die Insulinausschüttung.

Es gibt zwar Parallelen zum Glykämischen Index und zur Glykämischen Last, interessanterweise zeigt es sich aber, dass es bei manchen proteinreichen Lebensmitteln, die weniger Kohlenhydrate beinhalten, zu einer höheren Ausschüttung von Insulin kommen kann, unabhängig vom kleineren Glykämischen Index. Somit ist es wichtig auf Körpersignale zu reagieren, zum Beispiel wenn man sich nach dem Verzehr von bestimmten Lebensmitteln schlechter fühlt oder mit Symptomen reagiert. In diesem Fall sollte man lernen bewusster mit den Lebensmitteln umzugehen.

Desserts bei einer Insulinresistenz?

Zuckerersatzstoffe können dir vor allem am Anfang helfen, die Zuckersucht zu überwinden. Zucker stimuliert nämlich in unserem Gehirn das Belohnungs- beziehungsweise Suchtzentrum und hat zur Folge, dass kurzzeitig Glückshormone ausgeschüttet werden. Ähnlich verhält sich das Gehirn auch bei der Einnahme von harten Drogen wie Heroin und Kokain[15].

Zuckerersatzstoffe, die keinen bis kaum Einfluss auf die Insulinausschüttung haben (dazu zählen Xylit und Erythrit), werden aus diesem Grund den Betroffenen empfohlen, und oft sind sie deswegen für viele die beste Alternative. Vorausgesetzt, man verträgt sie gut. Beide können zu Magenbeschwerden führen, wenn sie in einer höheren Dosis verzehrt werden.

Werden sie nicht zur Kompensation von Heißhungerattacken verwendet, sind diese Süßungsmittel eine großartige Alternative, um sich das »Süße« nicht jeden Tag verbieten zu müssen. Dieser bewusste Umgang mit Süßem kann auch dazu beitragen, das Thema Verzicht gelassener anzugehen.

Und was tun, wenn du wieder von einer Heißhungerattacke heimgesucht wirst? Hier findest du ein paar nützliche Tipps:

Nahrungsergänzungsmittel, die du zu deiner IR-konformen Ernährung nutzen solltest:

- **Inositol** ist ein frei verkäufliches Nahrungsergänzungsmittel, das oft unterstützend in der Behandlung von Insulinresistenz und PCOS (polyzystisches Ovar-Syndrom) eingesetzt wird.
- **Myo-Inositol** ist ein natürlicher und in der Natur vorkommender Stoff. Er wirkt zyklus- und hormonregulierend und wird erfolgreich bei Kinderwunsch eingesetzt. Bei Frauen hilft er gegen PCOS, bei Männern verbessert er die Spermienqualität. Studien zeigen ebenfalls positive Auswirkungen auf Patienten mit Angstzuständen. Zusätzlich verbessert Myo-Inositol die Insulinsensitivität[25–30].
- **Kombination:** Studien zeigen, dass Kombinationsprodukte, die aus Myo-Inositol und D-Chiro-Inositol bestehen und ein optimales Mischungsverhältnis von 40:1 haben, bei der Wiederherstellung der Ovulation und der Regulierung des Menstruationszyklus bei IR und PCOS am besten wirken.

Resümee und letzte Tipps

Am Anfang fällt es jedem Betroffenen schwer, alle Tipps auf Anhieb zu verstehen und umzusetzen. Die ersten Schritte bedeuten, dass man sich aus der Komfortzone heraus bewegen muss. Das Gewohnte umzukrempeln ist nicht einfach und kann dauern – einige Tage oder sogar Jahre.

Sei verständnisvoll zu dir selbst! Achte auf deinen Körper und deine Gedanken, bleib aktiv, nähre deinen Körper, indem du ihm Vitamine und Energie in Form von gesunder Ernährung lieferst. Gönne dir Ruhe, achte auf deine Gefühle. Respektiere deinen Körper und deine Entscheidungen und nimm Unterstützung an.

Der normale Umgang mit Ernährung ist in unserer Gesellschaft verloren gegangen. Wir essen zwischendurch (oft im Stress) und machen uns wenig Gedanken darüber, was wir zu uns nehmen beziehungsweise welche Aufgaben die Ernährung in unseren Leben hat oder eben welche Konsequenzen.

Wir haben gelernt, viel mit dem Essen zu kompensieren, um uns zu belohnen oder zu trösten. Das wurde uns schon oft so im Kindesalter beigebracht: »Wenn du dein Zimmer aufräumst – darfst du Schokolade essen!«, »Du bist sehr traurig? Dann helfen warme Milch und ein paar Kekse.«

Wir nutzen das Essen, um unsere Gefühle zu regulieren, und werden zu Stress-Essern. Sich davon zu befreien ist nicht leicht. Ich kämpfe damit bis heute sowie mit den Folgen vom jahrelangen Glauben an »Wunderdiäten«. Neue Strategien zu finden bedeutet Arbeit. Oft eine harte, aber umso wichtigere Kopfarbeit. Dazu möchte ich dich motivieren mit diesem Kochbuch. Verfolge nicht blind irgendwelche Tipps zum Abnehmen, auch nicht die aus meinem Buch. Frage dich, warum du genau abnehmen willst. Ein perfekter Körper garantiert kein perfektes Leben. Wenn du schlanker bist, werden auch andere Probleme nicht einfach so verschwinden. Betrachte Abnehmen als eine Form der Selbstfürsorge, um gesünder zu leben.

Lies, lerne und passe deine Pläne bewusst an dich selbst an. Das ist viel sinnvoller für Betroffene und alle Menschen, die durch Abnehmen oder durch Ernährung ihre Werte verbessern wollen, als Rezepte nachzukochen, ohne zu wissen warum und wieso.

Essen verbinden wir mit Spaß und Freude. Warum trotzdem darauf verzichten?

Eine gute Nachricht: Das musst du gar nicht! Wenn du die Prinzipien dieses Buchs verstanden hast und bewusst mit deiner Ernährung umgehst, kannst du auch mit Insulinresistenz viel Freude und Spaß am Essen haben.

Ernährung hat auf unsere Gesundheit und unser Wohlbefinden einen großen Einfluss. Wer denkt schon bei Burger, Chips oder Schokolade gern daran, dass dies im Übermaß genossen zu Erkrankungen oder einem frühzeitigen Tod führen kann. Das wollen wir oft in diesen Momenten einfach ausblenden, und manchmal ist das auch in Ordnung. Tun wir dies jedoch regelmäßig, verlieren wir schnell den Überblick und werden dadurch krank.

Ja, es ist nicht einfach, die Gewohnheiten zu ändern, und es kann sein, dass wir viele Male neu anfangen müssen. Mir persönlich geht es zurzeit nicht anders. Aber es lohnt sich, bewusst zu leben. Dann können wir uns auch bewusst dafür entscheiden, was wir möchten.

Gib dir also Zeit, und du wirst sehen, dass ein gesunder und IR-konformer Ernährungsstil auch für dich nach und nach zur Gewohnheit werden kann. Dass du ein Gefühl dafür bekommst, was deinem Körper wirklich guttut und was du für dich persönlich anpassen kannst und willst.

Egal, was dabei herauskommt, es ist okay, weil es deine persönliche Entscheidung widerspiegelt. Hier wäre es sinnvoll, sich von dem »Alles-oder-nichts-Prinzip« bewusst zu verabschieden, um den Druck zu reduzieren. Je bewusster und ruhiger du an die Thematik herangehst, desto besser ist es für dich und deine Frustrationstoleranz. Sonst fühlst du dich nach ein paar Tagen deprimiert, und der ganze Diät-Teufelskreis geht von vorne los.

Wie du gerade wahrscheinlich merkst, ist die Änderung des Lebensstils ein Zusammenspiel von vielen Faktoren: Instinkten, Gelüsten, Körpersignalen, dem, was wir über Ernährung gelernt haben sowie unseren Fähigkeiten, es umzusetzen, und unserer inneren Stärke – ein Balanceakt dessen, was man gelernt hat und was man fühlt.

Deine Emotionen spielen dabei oft eine sehr große Rolle. Die einfachste Theorie kann manchmal schwer umzusetzen sein, wenn es um Gefühle geht. Hier wäre wichtig, im Hinterkopf zu behalten, dass es um Verbesserung geht und nicht um Perfektion. Schuldgefühle sind oft sehr präsent, wenn man sich Lebensmittel verbietet, dann aber eigene Regeln nicht einhalten kann.

Dies kann zu einer Essstörung führen; diese wiederrum zur Zunahme von Körpergewicht. Man liest zurzeit viel über die 80:20-Methode, die 20 Prozent der Lebensmittel erlaubt, die sonst »verboten« wären – aber genau davon möchte ich mit meinem Konzept Abstand nehmen. Was, wenn du 35 Prozent davon gegessen hast? Dann geht der Frust von vorne los. Versuche einfach, auf dich zu hören, um jeden Tag bewusste Entscheidungen zu treffen. Mit viel Liebe zu dir selbst. Sei dein bester Freund. Intuitiv, aber auch bewusst, an die Insulinresistenz angepasst, ist hier die allerbeste Wahl und genau das versuche ich, Betroffenen als Therapeutin zu vermitteln.

Lass auch die Zahl auf der Waage nur eine Zahl bleiben – du bist viel mehr als diese Zahl. Sie soll dich nicht daran hindern, an deinem Zielen zu arbeiten. Bedenke, dass Gewichtsschwankungen normal sind und bei Insulinresistenzbetroffenen sogar stärker ausfallen können. Sie sollten nicht dazu führen, dass du aufgibst. Es freut dich, wenn du zwei Kilo abgenommen hast, aber es deprimiert dich, wenn du 2 Kilo zugenommen hast, obwohl diese aus Wasser und Mageninhalt bestehen? Dann ist es Zeit, die Waage zur Seite zu stellen. Achte darauf, wie es dir dabei geht.

Akzeptiere deine jetzige Situation und fokussiere die Zukunft bewusst. Konzentriere dich auf deine Ziele und beginne, an dir zu arbeiten, um deine Gesundheit zu verbessern und dich möglichst IR-konform zu ernähren.

Bestimme deine ersten Ziele

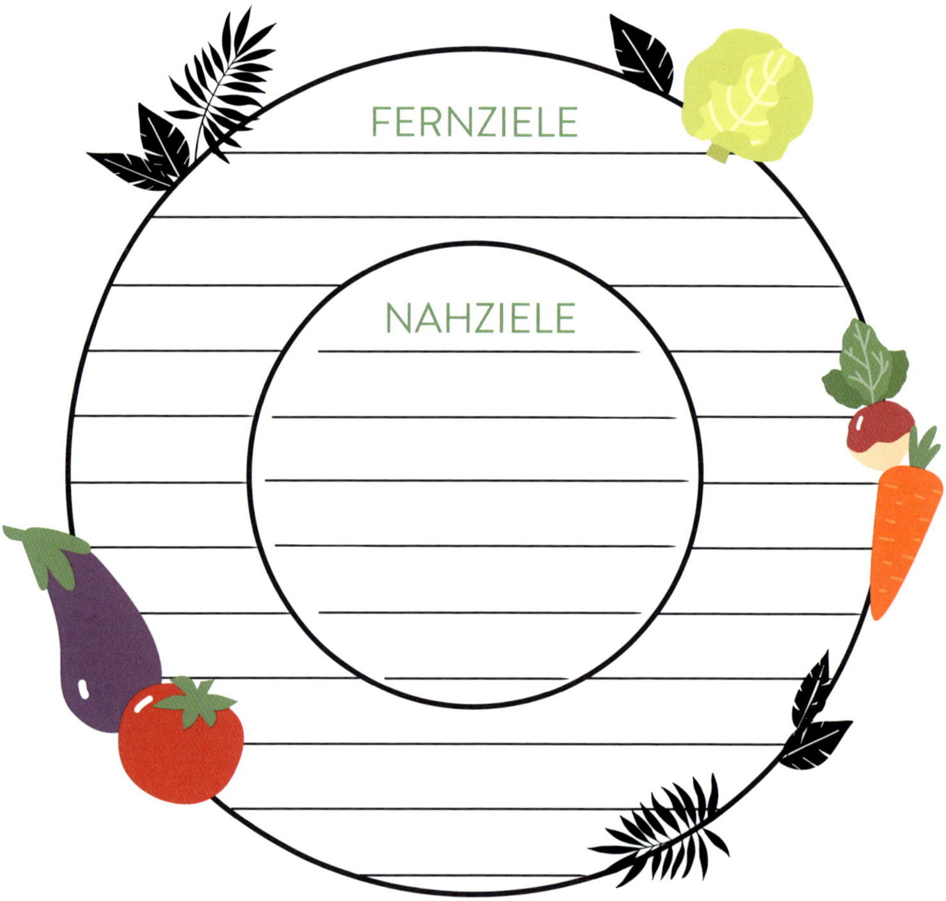

Fernziele

Ziele, die du in ein paar Monaten oder Jahren erreichen willst, dank deiner Nahziele. Beachte dabei, dass deine Ziele **»SMART«** sind: also **s**innvoll, **m**essbar, **a**ttraktiv, **r**ealistisch und **t**erminiert. Beispiel: Achte ab jetzt auf deine Ernährung und Kalorienaufnahme, damit du Werte und Gewicht verbesserst, um innerhalb eines Jahres gesünder zu werden.

Nahziele

Achte beispielsweise auf die Zutatenliste deiner Lebensmittel, damit du heute nicht unterzuckerst und deinen Tag dadurch bewältigen kannst.

Lass es dir schmecken!

Ich hoffe, meine Rezepte helfen dir, die in diesem Buch beschriebenen Tipps zu verstehen, und vor allem, schnell festzustellen, dass du nicht immer nur verzichten musst. Und dass dein Essen einfach lecker, ausgewogen und vor allem abwechslungsreich sein kann, wenn du dich IR-konform ernährst und dabei sogar abnehmen kannst.

Zur Auswahl stehen dir köstliche Rezepte für Frühstück, Lunchbox, Hauptgerichte und Desserts.

Ich wünsche dir viel Spaß beim Nachkochen und einen guten Hunger.

Deine Alicja

FRÜHSTÜCK

Frühstücks-Wrap

Pro Portion: 391 kcal, 21 g Eiweiß, 18 g Fett, 34 g Kohlenhydrate

Zutaten für 1 Portion:

1 Ei
1 EL Milch
Salz und Pfeffer
10 g Baconscheiben
30 g rote Zwiebel
60 g Tomate
40 g Salat
1 Vollkorntortilla
8 g Kräuterquark
1 Scheibe Cheddar
6 g frische Petersilie

1. Ei mit Milch, Salz und Pfeffer verquirlen. Eine Pfanne erhitzen und die Eimischung dazugeben. Unter Rühren braten, bis das Ei stockt und ein Rührei entstanden ist.

2. Den Bacon in einer Pfanne kross braten.

3. Das Gemüse waschen. Die roten Zwiebeln und die Tomaten in Scheiben schneiden. Die Salatblätter in Stücke rupfen.

4. Tortilla-Wrap mit Quark bestreichen und danach mit Salat, Tomatenscheiben, Zwiebelringen und dem Cheddar belegen. Zuletzt das Rührei drauf verteilen und mit der Petersilie bestreuen.

5. Zu einem Wrap rollen. Von beiden Seiten in einer Pfanne anbraten oder Grillen.

16 000
Es ist das
Klassenzimmer

Rührei mit Spaghetti

Pro Portion: 318 kcal, 20 g Eiweiß, 10 g Fett, 34 g Kohlenhydrate

Zutaten für 2 Portionen:

100 g Gelbe-Linsen-Spaghetti
100 g Brokkoli
50 g rote Zwiebel
5 g Rapsöl
2 Eier
10 g Grana Padano, gerieben
10 g Frischkäse
10 g Schnittlauch, gehackt

1. Nudeln nach Packungsanleitung kochen und in einem Sieb abtropfen lassen. Brokkoli weich dampfgaren.
2. Die Zwiebel in Scheiben schneiden, mit Öl in einer Pfanne anbraten und zur Seite legen.
3. Die Eier in einer Pfanne zu Rührei braten und am Ende mit dem Grana Padano vermischen.
4. In einer Schüssel alle Zutaten miteinander vermengen und servieren.

TIPP:

Hierzu passt Rohkost sehr gut.

Avocadoschnitten

Pro Portion: 392 kcal, 19 g Eiweiß, 16 g Fett, 45 g Kohlenhydrate

Zutaten für 1 Portion:

60 g Tomate
70 g Avocado
1 Knoblauchzehe
60 g Quark
100 g Vollkornbrot (2 Scheiben)
2 Priesen schwarzer Sesam
Salz und Pfeffer

1. Tomaten klein schneiden und zur Seite legen. Die Avocado schälen und den Knoblauch klein schneiden.

2. Quark und Avocado mit einer Gabel zu einer Masse verarbeiten, anschließend mit Salz und Pfeffer würzen. Die Tomatenstücke unterheben.

3. Brot toasten und mit der Avocado-Tomaten-Creme bestreichen. Mit Sesam bestreuen.

Mini-Pfannkuchen

Pro Portion: 361 kcal, 17 g Eiweiß, 6 g Fett, 58 g Kohlenhydrate

Zutaten für 2 Portionen:

Für den Pfannkuchenteig:
1 Ei
130 g Buchweizenmehl
1–2 Tropfen Lieblingsaroma (z. B. Cookie Dough)
240 ml Mandeldrink mit Vanille ohne Zucker
Süßungsmittel deiner Wahl (optional)

Für die Quarksoße:
90 g Magerquark
60 ml Mandeldrink mit Vanille, ohne Zucker
½ TL Zimt
Süßungsmittel deiner Wahl (optional)

Außerdem:
125 g Beeren
Spritzbeutel

1. Pfannkuchenteig herstellen: Alle Teigzutaten mit einem Handrührgerät vermischen. Danach für 20 Minuten zur Seite stellen.

2. Für die Quarksoße alle Zutaten mit dem Handrührgerät vermischen und in den Kühlschrank stellen.

3. Mithilfe eines Spritzbeutels mit einem sehr dünnen Aufsatz Mini-Pfannkuchen in einer Pfanne platzieren. Am besten ohne Fett und nur kurz in Form anbraten. Danach alle nochmals kurz in der Pfanne mit etwas Fett goldbraun ausbraten, damit sie knusprig werden.

4. Mit Beeren und Quarksoße servieren.

Frühstücksbowl

Pro Portion: 396 kcal, 15 g Eiweiß, 13 g Fett, 57 g Kohlenhydrate

Zutaten für 1 Person:

200 g frische oder TK-Mango
25 ml Orangensaft mit Fruchtfleisch
60 g Quark (Twarog)
15 g Granola-Müsli (ohne Zucker)
20 g Erdbeeren
20 g Heidelbeeren
6 g Schokodrops (ohne Zucker)

1. Die Mango schälen, in Würfel schneiden und gegebenenfalls einfrieren.
2. Mango, Saft und Quark mit einem Standmixer zu einer glatten Masse verarbeiten.
3. Die Mangomasse zusammen mit dem Müsli in einer Schüssel anrichten. Mit Beeren und Schokodrops servieren.

Bagel mit einem Hauch Italien

Pro Portion: 384 kcal, 14 g Eiweiß, 25 g Fett, 25 g Kohlenhydrate

Zutaten für 1 Portion:

45 g Avocado
Salz und Pfeffer
1 Vollkornbagel
80 g Cocktailtomaten
60 g Mozzarella di Bufala
1 g Frühlingszwiebeln, in Ringe geschnitten
1 g Schwarzkümmel

1. Die Avocado schälen, entkernen und mit Salz und Pfeffer zu einem Aufstrich zerdrücken.
2. Den Bagel aufschneiden und den Aufstrich darauf verteilen.
3. Tomaten waschen und vierteln. Den Mozarella in Scheiben schneiden. Beides auf dem Bagel verteilen.
4. Mit Frühlingszwiebeln und Kümmel bestreuen.

Overnight Oats

Pro Portion: 398 kcal, 18 g Eiweiß, 12 g Fett, 54 g Kohlenhydrate

Zutaten für 1 Portion:

40 g grobe Haferflocken
1 TL Chiasamen
100 ml Milch, 3,5 % Fett
1 TL Süße nach Wahl, z. B. Xylit
50 g Heidelbeeren
50 g Protein Joghurt
100 g Kiwi
10 g weiße Schokolade (ohne Zucker)

1. Die Haferflocken zusammen mit den Chiasamen und der Milch über Nacht einweichen.
2. Am nächsten Morgen das Chia-Hafergemisch erwärmen und süßen.
3. Danach den Brei in ein Glas füllen: mit Beeren, Joghurt und Kiwi schichten.
4. Die weiße Schokolade zerbrechen und als Topping arrangieren.

Brot mit Quark und Gurke

Pro Portion: 392 kcal, 23 g Eiweiß, 20 g Fett, 27 g Kohlenhydrate

Zutaten für 1 Portion:

100 g Quark (Twarog) oder körniger Frischkäse
Salz und Pfeffer
50 g Vollkornbrot
140 g Bauerngurke
3 g frischer Dill
20 Mandelkerne

1. Twarog zerdrücken und nach Geschmack mit Salz und Pfeffer würzen. Die Vollkornbrotscheibe damit bestreichen.

2. Gurke waschen und in Scheiben schneiden. Den Dill waschen, trocken tupfen und hacken. Beides aufs Brot geben.

3. Mandeln als Snack danach verzehren.

Sardinenschnitte

Pro Portion: 296 kcal, 18 g Eiweiß, 12 g Fett, 26 g Kohlenhydrate

Zutaten für 1 Portion:

50 g Vollkornbrot
20 g Kräuterfrischkäse
50 g Sardinen in Sonnenblumenöl (Dose)
Salz und Pfeffer
10 g Blattsalat
30 g rote Paprikaschote
1 g schwarzer Sesam (1 Prise)
30 g Cornichons
70 g Heidelbeeren

1. Das Brot toasten.
2. Frischkäse mit Sardinen vermischen nach Bedarf mit Salz und Pfeffer würzen.
3. Den Salat waschen, trocken tupfen und auf das Brot legen. Die Sardinenpaste darauf verteilen.
4. Paprika waschen, in feine Würfel schneiden und draufgeben. Mit Sesam bestreuen.
5. Cornichons dazu anrichten. Die Beeren waschen und anschließend als Snack verzehren.

Pochiertes Ei

Pro Portion: 278 kcal, 14 g Eiweiß, 15 g Fett, 19 g Kohlenhydrate

Zutaten für 1 Portion:

1 Ei (50 g)
27 g Cocktailtomaten
9 g Porree
40 g Avocado
6 g Mangoldstiele
40 g Vollkornbrot
24 g Prosciutto cotto (Schinken)
Salz und Pfeffer

1. Das Ei pochieren. Dazu Salzwasser in einem Topf aufkochen. Das Ei in das kochende Wasser aufschlagen und 3 Minuten (bis das Eiweiß stockt) garen. Mithilfe einer Siebkelle aus dem Wasser herausnehmen.

2. Tomaten und Porree waschen, Avocado schlälen und alles in Scheiben schneiden. Mangold waschen und klein schneiden.

3. Das Brot mit Schinken, Tomaten, Porree und Avocado belegen. Das pochierte Ei auf das Brot legen und mit Mangold bestreuen. Salzen und pfeffern nach Geschmack.

Ricotta-Aufstrich

Pro Portion: 368,4 kcal, 16,4 g Eiweiß, 22 g Fett, 23 g Kohlenhydrate

Zutaten für 5 Portionen:

75 g Radieschen
½ Bund Schnittlauch
200 g Räucherlachs
230 g Ricotta
65 g Mayonnaise
etwas Pfeffer
zusätzlich 1 Vollkorndinkelbrötchen

1. Radieschen und Schnittlauch waschen. Zusammen mit dem Lachs klein schneiden.
2. Alles mit Ricotta und Mayonnaise vermischen und bei Bedarf mit etwas Pfeffer würzen.
3. Das Brötchen in 5 Scheiben schneiden. Den Aufstrich auf die Scheiben verteilen.

Rührei auf Toast

Pro Portion: 326 kcal, 13 g Eiweiß, 19 g Fett, 23 g Kohlenhydrate

Zutaten für 1 Portion:

30 g Champignons
10 g Butter
1 Ei
30 g Kräuterfrischkäse
1 Scheibe Bio-Vollkorntoast
50 g Cocktailtomaten
5 g krause Petersilie
Salz und Pfeffer

1. Champignons putzen und in Scheiben schneiden. Anschließend mit Butter in einer Pfanne anbraten.
2. Champignons herausnehmen. Das Ei verquirlen und in der Pfanne zu einem Rührei braten.
3. Währenddessen den Frischkäse auf das Brot geben. Tomaten waschen und klein schneiden. Petersilie waschen, trocken tupfen und hacken.
4. Den Toast mit dem Rührei, den Pilzen und den Tomaten belegen. Salzen und pfeffern.

Granola mit weißer Schokolade

Pro Portion: 212 kcal, 5,6 g Eiweiß, 14,2 g Fett, 15 g Kohlenhydrate

Zutaten für 5 Portionen:

40 g Buchweizenflocken
40 g Cashewkerne
50 g Sonnenblumenkerne
13 g Paranüsse, mit dem Messer grob zerkleinert
3 g Mandeln, gehackt
1 gute Prise Salz
1 TL Kokosöl
25 g Agavendicksaft* (alternativ Yaconsirup)
20 g weiße Schokolade (ohne Zucker)
Ceylonzimt

1. Den Backofen auf 120 °C Ober-/Unterhitze vorheizen.
2. Alle Zutaten außer der Schokolade und dem Zimt gut miteinander vermischen und auf einem mit Backpapier ausgelegten Blech glatt verteilen.
3. 30–40 Minuten rösten: Erst bei 120 °C Ober-/Unterhitze circa 20 Minuten und dann bei 140 °C alle 10 Minuten das Granola gut durchmischen.
4. Backblech aus dem Ofen nehmen und abkühlen lassen. Dann mit Schokolade und Ceylonzimt nach Geschmack würzen.

*Agavendicksaft ist als Süßungsmittel eine Ausnahme:
GI: 11–19, GL 1–2 (Quelle: The University of Sydney/www.glycemicindex.com)

LUNCHBOX UND SALATE

Box mit Lachs

Pro Box: 747 kcal, 45 g Eiweiß, 26 g Fett, 82 g Kohlenhydrate

Zutaten für 1 Box:

Für den Pfannkuchen:

1 Ei
55 g helles Vollkornmehl
100 ml Haferdrink
1 g frischer Dill, fein gehackt oder püriert
1 Prise Salz
100 g Frischkäse (mager)
60 g Blattspinat
60 g geräucherter Lachs
Salz Pfeffer nach Geschmack

Für den Drink:

250 ml Haferdrink
½ TL Zimt
1 TL Xucker Bronxe (optional)

Für den Snack:

1 Orange
10 g Nussmix, Nüsse nach Wahl

1. Für den Pfannkuchen Ei, Mehl, Haferdrink, Dill und Salz zu einem Teig verrühren.

2. Pfannkuchen in einer Pfanne ausbacken. Erkalten lassen.

3. Danach mit Frischkäse, etwas Spinat und Lachs belegen und zu einem Wrap rollen.

4. Den restlichen Spinat in der Box auslegen und den Wraps darauf platzieren.

5. Für den Drink den Haferdrink mit Zimt und Xucker verrühren. Orange und Nussmix als Snack mit einpacken.

TIPP:

Der Drink schmeckt vor allem warm hervorragend!

2,8/55
ИНДУСТАР-61Л

Box mit Käsemuffins

Pro Box: 491 kcal, 37 g Eiweiß, 23 g Fett, 30 g Kohlenhydrate

Zutaten für 1 Box:

Für die Muffins:
40 g Zwiebel
20 g Emmentaler
30 g rote Paprikaschote
2 g Schnittlauch
70 g Brokkoli
30 g Mozzarella
2 Eier (130 g)
5 g Kichererbsenmehl

Für den Drink:
250 ml grüner Minzetee

Für den Snack:
150 g Clementinen
200 ml griechischer Joghurt

1. Für die Muffins Zwiebel, Emmentaler, Paprika und Schnittlauch klein schneiden.

2. Brokkoli kochen und in kleine Stücke schneiden.

3. Mozzarella grob reiben. Alles mit Eiern und Mehl vermischen. Den Backofen auf 180 °C Umluft vorheizen.

4. Die Muffin-Förmchen mit Backpapier auslegen. Den Teig in die Förmchen geben und, danach im Backofen circa 20 Minuten ausbacken und erkalten lassen.

5. Mit dem Tee, den Clementinen und dem Joghurt einpacken.

Box mit Pfannkuchen-Wraps

Pro Box: 965 kcal, 46 g Eiweiß, 53 g Fett, 71 g Kohlenhydrate

Zutaten für 1 Box:

Für 2 Pfannkuchen:
60 g Vollkorndinkelmehl
120 ml Milch
1 Ei
10 g flüssige Butter
1 Prise Salz

Für die Füllung:
100 g Pak Choi
60 g Karotte
90 g Champignons
30 g rote Zwiebel
etwas Kokosöl zum Ausbraten
25 g Cheddar
½ TL rote Currypaste
1 kleines Ei
25 g Vollkornpaniermehl
1 Handvoll Salat

Für den Drink:
300 ml Buttermilch

1. Alle Pfannkuchenzutaten vermischen und zur Seite stellen.

2. Gemüse waschen, klein schneiden und mit etwas Fett in einer Pfanne anbraten. Käse fein raspeln und mit dem Gemüse vermischen. Zur Seite stellen.

3. Teig nochmals vermischen und 2 dünne Pfannkuchen in einer Pfanne (∅ 28 cm) ausbraten. Mit Alufolie oder Backpapierzudecken, damit sie nicht austrocknen.

4. Danach die Füllung auf einer Seite der Pfannkuchen verteilen, Seiten zuklappen und einrollen.

5. Das Ei aufschlagen. Die Pfannkuchenrolllen zuerst in dem Ei und dann in dem Paniermehl wenden. Kokosöl in einer Pfanne erhitzen und die Warps goldgelb ausbraten. Auf Küchenpapier legen und übriges Fett abtupfen.

6. Die erkalteten Wraps auf dem Salat verteilen. Mit der Buttermilch einpacken.

TIPP:
Wenn du weniger Kalorien pro Mahlzeit zu dir nehmen musst, gib nur einen Pfannkuchen mit in die Box. Schmeckt warm am besten!

Glas mit Rettichsuppe

Pro Box: 469 kcal, 12 g Eiweiß, 31 g Fett, 34 g Kohlenhydrate

Zutaten für 1 Glas (circa 1l):

60 g Karotte
350 g Rettich
35 g rote Zwiebel
15 g Schalotten
75 g Pak Choi
20 g Kokosöl
1 Knoblauchzehe
2 Pimentkörner
½ TL Salz
¼ TL Pfeffer
½ TL Majoran
1 Prise gemahlener Kreuzkümmel
200 ml Gemüsebrühe
200 ml Hafer Cuisine
20 g Gouda

Für den Drink:
dein Lieblingstee

Für den Snack:
100 g Erdbeeren
25 g Macadamianüsse

1. Karotten und Rettich schälen und in Würfel schneiden. Zwiebel und Pak Choi in Streifen schneiden. Den Knoblauch schälen und hacken.

2. Zuerst die Zwiebeln und den Knoblauch mit Öl in einer Pfanne goldbraun andünsten, dann das restliche Gemüse zugeben und mit anbraten. Würzen und mit der Gemüsebrühe ablöschen. 20 Minuten köcheln lassen.

3. Zum Schluss Hafer Cuisine und Gouda dazugeben, nochmals kurz aufkochen.

4. In ein Glas füllen, auskühlen lassen und fest verschließen. Mit dem Tee und dem Snack einpacken.

Box mit Tacos

Pro Box: 634 kcal, 21 g Eiweiß, 19 g Fett, 96 g Kohlenhydrate

Zutaten für 1 Box:

Für den Taco-Teig:
75 g helles Vollkornmehl
5 ml Rapsöl
40 ml heißes Wasser
¼ TL Kurkuma
1 Prise Salz

Für die Füllung:
40 g rote Paprikaschoten
40 g Kichererbsen
1 TL Rapsöl
1 g Sesam
1 g Schwarzkümmel
¼ TL geräuchertes Paprikapulver
2 g frischer Schnittlauch
60 g Cocktailtomaten
45 g Avocado

Für den Drink:
200 ml Wasser mit Zitrone

Für den Snack:
40 g Physalis

1. Die Teigzutaten vermengen und zu einer Kugel formen. Mit einem Nudelholz den Teig dünn ausrollen. Kreise (circa Ø 15 cm)ausstechen und diese in einer trockenen Pfanne ausbraten. Danach sofort vorsichtig in Taco-Form biegen und so erkalten lassen.

2. Paprika waschen und in kleine Würfel schneiden. Zusammen mit den Kichererbsen mit Öl und Gewürzen vermischen und in einer Pfanne anbraten.

3. Den Schnittlauch, die Tomaten und die Avocado klein schneiden. Alles vermischen und in die Tacos geben.

4. Mit dem Zitronenwasser und dem Snack einpacken.

TIPP:
Um die Tacos in Form zu biegen kann ein Backofengitter behilflich sein. Einfach die warmen Taco-Enden mit etwas Abstand in die Aussparungen geben.

OPTION:
Optional kannst du eine Spoße herstellen: Für die Soße etwas Avocado, Knoblauch und Mandeldrink in einem Mixer pürieren.

Box mit Bulgotto

Pro Box: 554 kcal, 14 g Eiweiß, 20 g Fett, 80 g Kohlenhydrate

Zutaten für 1 Box:

45 g Bulgur
50 g rote Paprikaschote
45 g rote Zwiebel
60 g Pak Choi
100 g Zucchini
1 EL Rapsöl
½ TL Sojasoße
1 Prise Schwarzkümmel
40 g Avocado

Für den Drink:
200 ml Mandeldrink

Für den Snack:
100 g Staudensellerie
75 g Mandarinen
50 g Heidelbeeren

1. Bulgur nach Packungsanleitung zubereiten.
2. Paprika, Zwiebel, Pak Choi, Zucchini waschen, klein schneiden und mit dem Öl in einer Pfanne anbraten.
3. Mit Sojasoße und Kümmel würzen und mit dem gekochten Bulgur vermischen.
4. Avocados schälen und in Scheiben schneiden und auf dem Bulgur verteilen.
5. Mit dem Drink und dem Snack einpacken.

TIPP:
Genieße deinen Drink zu dem Obst, um die glykämische Reaktion einzudämmen.

Box mit Eiersalat

Pro Box: 543 kcal, 20 g Eiweiß, 39 g Fett, 41 g Kohlenhydrate

Zutaten für 1 Box:

2 Eier (100 g)
30 g Kopfsalat
100 g Vollkornbrot
30 g Salzgurken
etwas frische Petersilie
10 g Mayonnaise
15 g Joghurt
1 g Essig
3 g Dijonsenf
Salz und Pfeffer

Für den Drink:
200 ml Brennnesseltee
1 kleine Snackgurke

Für den Snack:
70 g Mango
70 g griechischer Naturjoghurt
1 Prise Ceylonzimt

1. Eier in einem Topf mit Wasser hart kochen, erkalten lassen und klein schneiden.
2. Kopfsalatblätter waschen und in die Box legen. Brot und etwas Salat separat einpacken.
3. Die Salzgurken waschen und klein schneiden. Die Petersilie waschen, trocken tupfen und hacken.
4. Die Eier, Gurke und Petersilie mit den restlichen Zutaten vermischen.
5. Den Eiersalat auf die Salatblätter in der Box geben.
6. Für den Drink die Gurke in Scheiben schneiden und zum Tee geben. Snack-Zutaten kurz vor dem Verzehren vermischen.

TIPP:

Bereite dein Eiersalat am besten am Tag vorher vor, damit er gut durchziehen kann.

ИНДУСТАР-61Л/Д

Box mit Hähnchenbrust

Pro Box: 537 kcal, 47 g Eiweiß, 21 g Fett, 37 g Kohlenhydrate

Zutaten für 1 Box:

175 g Hähnchenbrust
5 g Olivenöl
Hähnchengewürz oder andere Gewürzmischung und Kräuter nach Wahl
5 g Sesamöl
60 g Express-Naturreis-Curry
30 g Feld- oder Mix-Salat
60 g Kidneybohnen (Dose)
30 g Mais (Dose)
5 g Sonnenblumenkerne
Salz
20 g veganer Aufstrich »Toskana«

Für den Drink:

300 ml Wasser
1 kleine Snackgurke

1. Hähnchenbrust mit Olivenöl und Hähnchengewürz marinieren. Die Brust in Sesamöl anbraten und danach in einer Pfanne zugedeckt circa 10–15 Minuten weich dämpfen.

2. Den Reis nach Packungsanleitung zubereiten. Den Salat waschen. Die Bohnen und den Mais in einem Sieb abgießen.

3. Das Fleisch in Streifen schneiden und zusammen mit den restlichen Zutaten in einer Box anrichten. Nach Geschmack mit Salz würzen. Toskana Aufstrich obendrauf als Topping geben.

4. Für den Drink die Gurke waschen, in Scheiben schneiden und in das Wasser geben.

TIPP:
Aromatisiertes Wasser (zum Beispiel mit Gurkenscheiben) kann dir helfen, mehr zu trinken.

2,8/55
ИНДУСТАР-61 Л/Д

Box mit Sardinensalat

Pro Box: 601 kcal, 57 g Eiweiß, 17 g Fett, 54 g Kohlenhydrate

Zutaten für 1 Box:

50 g Vollkornnudeln
125 g Sardinen in Öl (Dose)
50 g rote Zwiebel
5 g frischer Dill
150 g Quark (Magerstufe)
Salz und Pfeffer

Für den Drink:
200 ml Mandeldrink
50 ml Kaffee
2–3 Tropfen Cookies-Aroma

Für den Snack:
10 g Paranüsse

1. Nudeln nach Packungsanleitung kochen, in ein Sieb geben und erkalten lassen.
2. Sardinen aus der Dose abgießen. Überschüssiges Öl abtupfen, danach mit den Fingern auseinanderzupfen.
3. Zwiebel und Dill klein schneiden, mit Fisch, Quark und Nudeln vermischen und nach Geschmack würzen.
4. Für den Drink die 3 Zutaten vermischen. Schmeckt hervorragend eiskalt oder heiß. Nüsse einpacken.

INFO:
Eine Paranuss kann circa 400 Mikrogramm Selen beinhalten.

Box mit Prosciutto

Pro Box: 851 kcal, 44 g Eiweiß, 59 g Fett, 73 g Kohlenhydrate

Zutaten für 1 Box

35 g Kichererbsen-Nudeln
20 g Prosciutto
40 g Hirtenkäse
45 g Tomaten
95 g Salat-Rohkostmix
1 EL Sesamöl
Pfeffer und Salz nach Geschmack
10 g veganer Aufstrich (Rote Bete)

Für den Drink:
250 ml Haferdrink mit 1 TL heiße Schokolade ohne Zucker oder Backkakao

Für den Snack:
80 g kleine grüne Banane (ungeschält gewogen)
20 g Heidelbeeren
20 g Cashewkerne oder Nüsse nach Wahl
200 g Naturjoghurt oder Joghurt nach Wahl

1. Nudeln nach Packungsanleitung zubereiten, in ein Sieb abgießen, erkalten lassen und beiseite stellen.

2. Prosciutto in einer Pfanne kurz anbraten und beiseite stellen.

3. Käse und gewaschene Tomaten klein schneiden. Salat waschen und mit Öl und Gewürzen mischen. Mit den anderen Zutaten in die Box geben. Mit dem Aufstrich verzehren.

4. Für den Drink den Haferdrink mit der heißen Schokolade verrühren und einpacken. Den Obstsnack mit Nüssen und Joghurt kombinieren.

Box mit Wurstsalat

Pro Box: 579 kcal, 21 g Eiweiß, 32 g Fett, 47 g Kohlenhydrate

Zutaten für 1 Box:

50 g Dinkelvollkorn-Makkronelli
50 g Naturjoghurt
20 g Mayonnaise
60 g Delikatesswürstchen (ohne Zucker)
50 g Salzgurken
50 g Mais
65 g Paprikaschoten

Für den Drink:
300 ml Kamillentee

Für den Snack:
70 g Radieschen
75 g Snackgurke

1. Nudeln nach Packungsanleitung zubereiten, in ein Sieb abgießen und erkalten lassen.
2. Joghurt und Mayonnaise zu einer Soße verrühren.
3. Restliche Zutaten klein schneiden und mit Soße und Nudeln vermischen.
4. Als Snack die Rohkost waschen und kleinschneiden. Mit dem Drink einpacken.

Box mit Kichererbsen

Pro Box: 675 kcal, 23g Eiweiß, 31 g Fett, 76 g Kohlenhydrate

Zutaten für 1 Box:

60 g Kichererbsen (Dose)
1 EL Rapsöl
½ TL geräuchertes Paprikapulver
10 g rote Zwiebel
100 g Salatherzen

Für die Avocadocreme:
50 g Avocado
50 g Speisequark (Magerstufe)
½ Knoblauchzehe
Salz und Pfeffer

Für den Drink:
230 g Haferdrink
60 g Heidelbeeren

Für den Snack:
15 g Walnüsse
1 Apfel

1. Kichererbsen in einem Sieb gut abtropfen lassen. Mit Öl und Paprikapulver vermischen und anbraten.

2. Zwiebel klein schneiden. Für die Avocadocreme alle Zutaten zu einer feinen Masse pürieren.

3. Die Salatherzen waschen und in die Box geben. Die Kichererbsen, Zwiebeln und Avocadocreme darauf verteilen.

4. Einen Smoothie aus den Drink-Zutaten im Mixer pürieren und zum Salat trinken.

5. Die Nüsse zu dem Apfel genießen.

Box mit Petersilienpesto

Pro Box: 581 kcal, 15 g Eiweiß, 32 g Fett, 53 g Kohlenhydrate

Zutaten für 1 Box:

50 g grobe Gerstengraupen
10 g frische krause Petersilie
15 g Sesamöl
1 kleine Knoblauchzehe
10 g geröstete Pinienkerne
75 g Karotte
60 g Pilze
5 ml Rapsöl
60 g Rico-Salat
10 g veganer Aufstrich »Toskana«
150 g Tomaten

Für den Drink:
250 g Mandeldrink mit 3 Tropfen Strawberry-Cheescake-Aroma

1. Graupen nach Packungsanleitung zubereiten.
2. Petersilie waschen und mit Sesamöl, Knoblauch und Pinienkernen mit einem Stabmixer zu einem Pesto pürieren. Pesto mit den noch leicht warmen Graupen vermischen.
3. Karotte schälen und mit den Pilzen klein schneiden. In Rapsöl in einer Pfanne anbraten.
4. Den Salat waschen abtropfen lassen und alles auf dem Salat anrichten. Aufstrich als Topping benutzen.
5. Die Tomaten waschen und einpacken.
6. Für den Drink den Mandeldrink mit dem Aroma verrühren und ebenfalls einpacken.

Quinoasalat im Glas

Pro Portion: 480 kcal, 12 g Eiweiß, 25 g Fett, 50 g Kohlenhydrate

Zutaten für 2 Portionen:

100 g Quinoa
1 grüne Paprikaschote
350 g Zucchini
200 g gelbe Karotten
1 rote Zwiebel
3 EL natives Olivenöl oder Leinöl (frisch und gute Qualität, sonst kann es bitter schmecken)
15 g Pinienkerne

1. Quinoa nach Packungsanleitung kochen. In ein Sieb abgießen und gut abtropfen lassen.
2. Das ganze Gemüse waschen und in kleine Würfel schneiden. Mit Öl in einer Pfanne anbraten.
3. Pinienkerne in einer Pfanne anrösten.
4. Quinoa mit dem Gemüse vermischen und mit dem Pinienkernen in ein Glas füllen.

Fruchtiger Salat

Pro Portion: 255 kcal, 5 g Eiweiß, 9 g Fett, 39 g Kohlenhydrate

Zutaten für 2 Portionen:

Saft von ½ Blutorange
30 g Apfel-Zimt-Marmelade mit Xylit
1 EL Walnussöl
200 g Apfel, z. B. Pink Lady
250 g Beerenmix (Erdbeeren, Heidelbeeren, Himbeeren, Johannisbeeren)
100 g Rucola
10 g gehobelte Mandeln

1. Blutorangensaft erhitzen und die Marmelade hinzufügen. Vom Herd nehmen und mit Öl vermischen.

2. Obst waschen und klein schneiden. Rucola waschen, mit Obst und der Soße vermischen und mit Mandeln bestreuen.

Salat mit Serrano und Mango

Pro Portion: 394 kcal, 27 g Eiweiß, 20 g Fett, 24 g Kohlenhydrate

Zutaten für 4 Portionen:

150 g Mango
100 g Old-Amsterdam-Käse (Stück)
Saft von ½ Limette
2 EL natives Sonnenblumenöl
Salz und Pfeffer
200 g Serrano-Schinken
150 g Salatmix
4 Scheiben Vollkornbrot

1. Mango schälen und in kleine Stücke schneiden. Käse hobeln.

2. Limettensaft und Öl zu einer Soße vermischen und nach Geschmack mit Salz und Pfeffer würzen. Serrano klein schneiden. Den Salat waschen.

3. Alle Zutaten vermischen und mit Vollkornbrot servieren.

SUPPEN

Hokkaidorösti-Suppe mit Pak Choi und Hähnchenspießen

Pro Portion: 626 kcal, 45 g Eiweiß, 49,05 g Fett, 56 g Kohlenhydrate

Zutaten für 2 Portionen:

450 g Hokkaidokürbis
Gewürze nach Geschmack (Salz, Pfeffer, Kreuzkümmel, Paprika, Chiliflocken)
50 g Zucchini
50 g Zwiebel
2 Knoblauchzehen
3 EL Rapsöl
500 ml Gemüsebrühe
150 ml Sahne
50 ml frisch gepresster Orangensaft
200 g Hähnchenbrust
Hähnchengewürz
30 g Pak Choi
Kürbiskernöl

1. Kürbis schälen, entkernen und in Würfel schneiden. Circa 100 g entnehmen, würzen und für die Röstis beiseite stellen.

2. Zucchini waschen und in Würfel schneiden. Zwiebel und Knoblauch klein schneiden und mit 2 EL Rapsöl kurz anbraten.

3. Danach die restlichen 350 g Kürbis dazugeben und kurz anbraten. Mit der Brühe zugedeckt 20 Minuten köcheln lassen.

4. Nach circa 15 Minuten Kochzeit 100 ml Sahne, Orangensaft und Zucchini mit dazugeben und weiterköcheln lassen, bis die Zucchini gar ist.

5. Während die Suppe kocht, die Hähnchenbrust in Streifen schneiden, mit Hähnchengewürz würzen und auf 2 Spieße stecken. Mit 1 EL Rapsöl circa 5 Minuten anbraten. Danach aus der Pfanne nehmen und für ein paar Minuten in Alufolie wickeln.

6. Die gewürzten Kürbiswürfel circa 10 Minuten zugedeckt zu knackigen Röstis anbraten. Den Pak Choi waschen, klein schneiden und kurz vor Schluss circa 3 Minuten mit braten.

7. Die Suppe optional teilpürieren und in einer Schüssel zusammen mit den Röstis, Pak Choi und den Spießen servieren.

8. Die restlichen 50 ml Sahne steif schlagen und auf die Suppe geben. Mit Kürbisöl beträufeln.

Tomatensuppe

Pro Portion: 399 kcal, 40,05 g Eiweiß, 31,5 g Fett, 147 g Kohlenhydrate

Zutaten für 2 Portionen:

500 g süße Tomaten
150 g Zwiebeln
1 Knoblauchzehe
2 EL Olivenöl
Gewürze: jeweils ½ TL Salz, Pfeffer, Kreuzkümmel, Majoran und Dill
300 ml Gemüsebrühe
100 ml Hafer Cuisine
100 g passierte Tomaten
100 g Vollkornreis
frisches Basilikum

1. Zuerst die Tomaten waschen und schälen. Dazu am besten einschneiden und kurz in heißes Wasser legen, damit sich die Haut ablösen lässt. In Stücke schneiden und zur Seite stellen.
2. Zwiebeln schälen und klein schneiden. Den Knoblauch schälen und pressen. In einen Topf mit Olivenöl die Zwiebeln mit dem Knoblauch glasig anbraten, die Tomatenstücke und die Gewürze dazugeben. Circa 15 Minuten braten.
3. Mit Brühe und Hafer Cuisine und Tomatenpasata ablöschen und 15 Minuten köcheln lassen. Optional nur teilpürieren.
4. Den Reis nach Packungsanleitung zubereiten.
5. Mit gekochten Reis servieren und Basilikum servieren.

Zucchinisuppe

Pro Portion: 415 kcal, 15 g Eiweiß, 16,05 g Fett, 45,05 g Kohlenhydrate

Zutaten für 2 Portionen:

80 g Kichererbsen wie Reis
450 g Zucchini
80 g Zwiebeln
17 g Knoblauch
15 g Olivenöl
15 g gemahlene Mandeln
30 g Dinkelvollkornmehl
1 l Gemüsebrühe
20 ml Hafer Cuisine
Salz und Pfeffer
½ TL Zitronensaft
Schwarzkümmel zur Dekoration (optional)

1. Zuerst Kichererbsen sowie Reis nach Packungsangaben zubereiten. Danach die Zucchini waschen, die Zwiebel schälen und beides in kleine Würfel schneiden.

2. Den Knoblauch pressen. In einem mittelgroßen Topf das Öl erhitzen. Zwiebeln und Knoblauch einige Minuten darin glasig dünsten.

3. Als Nächstes die Zucchini mit zugeben und circa 10 Minuten braten. Zum Schluss die Mandeln kurz mitbraten. Zum Andicken das Mehl hineingeben und gründlich durchrühren; mit Brühe ablöschen.

4. Circa 20 Minuten köcheln lassen, danach Hafer Cuisine dazugeben und kurz aufkochen. Mit Salz, Pfeffer und Zitronensaft abschmecken.

5. Mit Kichererbsen-Reis servieren. Mit Schwarzkümmel bestreuen.

INFO:

Zucchini ist reich an Kalzium, Magnesium und Eisen.

Asiasuppe mit Gambas

Pro Portion: 374 kcal, 16,50 g Eiweiß, 18,50 g Fett, 32,50 g Kohlenhydrate

Zutaten für 2 Portionen:

60 g Vollkorn-Mie-Nudeln
100 g Party-Gambas
30 g rote Curry Paste
2 EL Kokosöl
30 g Frühlingszwiebeln
50 g rote Zwiebel
2 Knoblauchzehen
5 g Ingwer
100 ml Kokos Cuisine
1 TL Fischsoße (optional)
700 ml Gemüsebrühe
Salz und Pfeffer
Limettensaft

1. Zuerst die Nudeln nach Packungsanweisung zubereiten und in ein Sieb abgießen. Zur Seite stellen.

2. Die Gambas mit circa 10 g Currypaste vermischen und mit 2 EL Kokosöl am besten in einem Wok goldbraun braten. Einige Gambas für die Deko herausnehmen und zur Seite stellen.

3. Frühlingszwiebeln, rote Zwiebel, Knoblauch und Ingwer klein schneiden und einige Minuten mit den Gambas braten.

4. Als Nächstes die Kokos Cuisine und die Fischsoße mit dem gebratenen Gemüse vermengen und circa 5 Minuten kochen. Danach die Brühe hineingeben und mit Salz, Pfeffer und Limettensaft abschmecken. 5 Minuten köcheln lassen.

5. Mit Gambas dekorieren und mit den Nudeln servieren.

Gemüsesuppe

Pro Portion: 295 kcal, 8 g Eiweiß, 17 g Fett, 25,5 g Kohlenhydrate

Zutaten für 2 Portionen:

1 l Gemüsebrühe
90 g Karotte
90 g Petersilienwurzel
150 g Kohlrabi
150 g Zucchini
100 g Schalotten
100 g rote Frühlingszwiebeln
1 Knoblauchzehe
25 g Porree
90 g Pak Choi
50 g Zuckererbsen
3 EL Olivenöl
1 EL Hafer Cuisine
3 EL Haferdrink
1 EL helles Vollkornmehl
Salz und Pfeffer
½ TL getrockneter Majoran

1. Das Gemüse außer Pak Choi und Zuckererbsen waschen, putzen und in sehr kleine Würfel schneiden.

2. Pak Choi und Zuckererbsen waschen. Vom Pak Choi die grünen Blätter von den weißen trennen. Das Weiße in Streifen schneiden, die grünen Blätter aufeinanderlegen, rollen und quer durchschneiden. Zuckererbsen von den Fäden befreien und längs in Streifen schneiden. Zuckererbsen und grünen Pak Choi 2 Minuten in einer Pfanne anbraten, zur Seite stellen.

3. In einem Topf Zwiebeln mit Öl anbraten. Knoblauch dazugeben; danach das restliche Gemüse 5 Minuten anbraten und mit Brühe ablöschen. 10 Minuten kochen lassen.

4. Die Hafer Cuisine mit Haferdrink und Mehl gut vermischen und die Suppe damit andicken und nach Geschmack mit Salz, Pfeffer und Majoran würzen.

5. Pak Choi und Zuckererbsen dazugeben und servieren.

Kidneybohnensuppe

Pro Portion: 518 kcal, 17,50 g Eiweiß, 19 g Fett, 66 g Kohlenhydrate

Zutaten für 2 Portionen:

250 g Paprikaschoten (verschiedene Farben)
250 g Zucchini
1 große Knoblauchzehe
50 g Frühlingszwiebeln
200 g rote Zwiebeln
3 EL Olivenöl
1 TL rote Currypaste
200 ml Gemüsebrühe
1 l Tomatenpassata
10 ml Hafer Cuisine
Gewürze nach Geschmack: Salz, Pfeffer, getrockneter Majoran, Salatkräuter
120 g Kidneybohnen ohne Zucker (Dose)
70 g Mais (Dose)

1. Das frische Gemüse waschen und in Würfel schneiden.
2. In einem Topf die Zwiebeln mit Olivenöl kurz anbraten. Danach Paprika und Zucchini mitanbraten. Knoblauch und Currypaste dazugeben mit Brühe ablöschen. 3 Minuten kochen lassen.
3. Die Tomatenpassata, Hafer Cuisine und Gewürze dazugeben und gut vermischen. Kidneybohnen und Mais in die Suppe geben. Die Suppe 5 Minuten reduzieren.

Wirsingsuppe mit Bacon

Pro Portion: 238 kcal, 9,25 g Eiweiß, 9,50 g Fett, 24,25 g Kohlenhydrate

Zutaten für 4 Portionen:

40 g Bulgur
15 g getrocknete Tomaten
160 g Blumenkohl
600 g Wirsing
130 g rote Zwiebeln
200 g Kohlrabi
80 g Karotten
1 Knoblauchzehe
50 g Baconstreifen
2 EL Butter oder Rapsöl
Salz und Pfeffer
1300 ml Gemüsebrühe
1 g frischer Koriander

1. Bulgur nach Packungsanleitung kochen.
2. Tomaten in heißem Wasser einweichen. Blumenkohl klein brechen und mit heißem Wasser bedecken. Wirsing in Streifen schneiden. Zwiebeln, Kohlrabi und Karotten klein schneiden. Knoblauch pressen.
3. In einer trockenen Pfanne Baconstreifen braten, herausnehmen und zur Seite stellen. Zum Baconfett einen kleinen Teil Butter geben, Zwiebeln, Karotten und Kohlrabi darin circa 6 Minuten anbraten bis es Al dente ist und den Knoblauch dazugeben.
4. In einem Topf die restliche Butter mit etwas Salz schmelzen und den Wirsing so lange braten, bis er zusammenfällt und weich wird. Gemüse aus der Pfanne nehmen und zum Wirsing geben.
5. Tomaten abtropfen lassen und klein schneiden. Tomaten und Blumenkohl ohne Wasser in den Topf geben und gut vermischen.
6. Alles mit Gemüsebrühe ablöschen, Koriander, waschen, hacken und dazu geben. 10 Minuten kochen.
7. Mit Bulgur und Bacon servieren.

Kasseler Flädle-Suppe

Pro Portion: 429,5 kcal, 5,75 g Eiweiß, 15,75 g Fett, 20,05 g Kohlenhydrate

Zutaten für 4 Portionen:

600 g geräuchertes Nackenkasseler
2 l Wasser
75 g rote Zwiebeln
200 g Karotten
300 g Brechbohnen

Für den Flädleteig:
100 ml Haferdrink
60 g Dinkelvollkornmehl
1 Ei
1 EL Olivenöl
1 TL Salz
1 große Prise Pfeffer

1. Kasseler 10 Minuten vorkochen. Das Fleisch abwaschen und in einem sauberen Topf mit 2 l Wasser bedeckt 2 Stunden Kochen lassen.
2. Rote Zwiebeln und Karotten schälen und klein schneiden, die Brechbohnen waschen und die Enden abschneiden.
3. Flädleteig aus den angegebenen Zutaten mithilfe eines Mixers herstellen.
4. In einer Pfanne 4 mittelgroße Pfannkuchen ausbraten und danach längs in Streifen schneiden.
5. Gemüse in die Fleischbrühe geben und 20 Minuten kochen lassen. Das weiche Fleisch zerzupfen.
6. Die Suppe mit Flädle und Fleischstücken servieren.

Sauerkrautsuppe

Pro Portion: 294kcal, 22,50 g Eiweiß, 17,30 g Fett, 7,30 g Kohlenhydrate

Zutaten für 6 Portionen:

600 g Schälrippchen
2 l Gemüsebrühe
170 g Sellerie
170 g Karotten
140 g Champignons
70 g Zwiebeln
1 Knoblauchzehe
2 EL Rapsöl
1 TL Sojasoße
Gewürze: jeweils 1 TL Salz, Kreuzkümmel, Kümmel, Paprika
½ TL Pfeffer
500 g Weinsauerkraut
etwas krause Petersilie

1. Als Erstes die Schälrippchen in 2 l Gemüsebrühe leicht köcheln lassen bis das Fleisch gar ist und sich leicht vom Knochen löst.

2. In der Zwischenzeit Sellerie, Karotten, Champignons, Zwiebeln und Knoblauch schälen und klein schneiden.

3. Das Gemüse mit 2 EL Rapsöl 10 Minuten scharf anbraten. Jetzt mit Sojasoße und den Gewürzen abschmecken. Das Sauerkraut mit dazugeben. Das Ganze nochmals circa 10 Minuten braten.

4. Das angebratene Gemüse samt Sauerkraut in die fertige Rippchen-Gemüsebrühe geben und 20 Minuten weiterköcheln lassen.

5. Mit etwas Petersilie auf dem Teller dekorieren.

Gerstengrützesuppe

Pro Portion: 337,5 kcal, 16 g Eiweiß, 8 g Fett, 47,25 g Kohlenhydrate

Zutaten für 4 Portionen:

200 g Gerstengrütze
1 l Hühnerbouillon
200 g Buttermilch
3 EL frischer Dill, klein gehackt
200 ml kaltes Wasser
35 g Dinkelvollkornmehl
20 g saure Sahne
Salz und Pfeffer

1. Gerstengrütze nach Packungsanleitung zubereiten.
2. Bouillon nach Packungsanleitung zum Kochen bringen. Danach Buttermilch und Dill hinzufügen und einmal aufkochen.
3. Wasser mit Mehl klumpenfrei vermischen und zur Suppe geben. 10 Minuten unter ständigem Rühren reduzieren.
4. Am Ende die saure Sahne mit etwas Suppe in einem Becher vermischen und in die Suppe geben; danach kurz aufkochen lassen.
5. Mit Salz und Pfeffer abschmecken und mit der Grütze servieren.

TIPP:

Am nächsten Tag schmeckt die Suppe noch besser, da sie dann eine feine Säure bildet.

HAUPTGERICHTE

Gemüseauflauf

Pro Portion: 323 kcal, 15 g Eiweiß, 23 g Fett, 13 g Kohlenhydrate

Zutaten für 4 Portionen:

200 g Zucchini
500 g TK-Blumenkohl
100 g Cherrytomaten
1 TL Rapsöl
50 g Käse, selbst gerieben oder ohne zugesetzte Stärke
1 TL Vollkornpaniermehl
1 TL sehr kalte Butter, gerieben

Für die Soße:
1 TL Butter
1 EL Dinkelvollkornmehl oder Type 1050
200 ml Gemüsebrühe
100 ml Schlagsahne oder Alternative
50 g Käse, gerieben
Salz und Pfeffer

1. Zucchini waschen und in Scheiben schneiden. Zusammen mit Blumenkohl und Cherrytomaten in eine Auflaufform geben und gut mit Rapsöl vermischen. Den Backofen auf 180 °C Umluft vorheizen.

2. Für die Soße die Butter schmelzen und Mehl dazugeben. Eine Mehlschwitze herstellen und mit Gemüsebrühe ablöschen. Aufkochen. Sahne, 50 g Käse und Gewürze dazugeben.

3. Gemüse mit der Soße aufgießen, mit dem selbst geriebenen Käse und Paniermehl bestreuen. Geriebene Butter darauf verteilen. 20 Minuten im Ofen ausbacken.

TIPPS:

Du kannst auch frischen Blumenkohl verwenden. Dieser muss aber vorgekocht werden. Wenn du keine Tomaten oder Zucchini magst, versuche es ohne. Auch ein Auflauf nur mit Blumenkohl schmeckt hervorragend.

Nudeln mit Pesto

Pro Portion: 594 kcal, 26 g Eiweiß, 30 g Fett, 48 g Kohlenhydrate

Zutaten für 4 Portionen:

2 Knoblauchzehen
350 g frischer Baby-Spinat
50 g Olivenöl
1 Prise Muskatnuss
Salz und Pfeffer
350 g Hülsennudeln von Clever Pasta (z. B. Rote Bete, Kurkuma und rote Linsen als Mix)
40 g gesalzene Cashewnüsse
60 g gehackte Pistazien
3 EL krause Petersilie
etwas frisch gepresster Zitronensaft (optional)

1. Knoblauch schälen und klein hacken. Die Hälfte davon mit Spinat und etwas Öl anbraten. Mit Muskatnuss, Salz und Pfeffer würzen.

2. Nudeln nach Packungsangabe kochen und in ein Sieb abgießen. Nüsse in einer Pfanne rösten.

3. Nüsse, Petersilie, den restlichen Knoblauch und etwas Zitronensaft zu einem Pesto vermischen. (Ich nutze dazu einen elektrischen Zerkleinerer.)

4. Die noch heißen Nudeln zu dem Spinat geben und gut mit dem Pesto vermischen. Warm servieren.

PASTA
-32%
LESS CARB*

Avocado mit Thunfisch

Pro Portion: 294 kcal, 14 g Eiweiß, 22 g Fett, 14 g Kohlenhydrate

Zutaten für 4 Portionen:

2 EL Rapsöl
2 EL Dinkelmehl Type 1050 Vollkornmehl oder Kichererbsenmehl,
200 ml Milch oder Alternative
1 Dose Thunfisch (im eigenen Saft)
Salz und grober Pfeffer
Avocadogewürz (optional)
2 Avocados

1. Backofen auf 200 °C Ober-/Unterhitze vorheizen.

2. Für die Soße in einer Pfanne das Öl erhitzen und Mehl unterrühren, mit Milch ablöschen, bis eine cremige und lockere Konsistenz erreicht ist. Den Thunfisch mit der Gabel zerkleinern und mit der Soße vermischen. Nach Geschmack mit Salz, Pfeffer und Avocadogewürz würzen und warm halten.

3. Beide Avocados längs halbieren, Kerne rausnehmen. Die Soße in die Kernmulden füllen.

4. Die Avocadohälften in eine Backform geben und 10 Minuten im Ofen backen.

TIPP:

Zwischen 2 gerösteten Vollkorntoasts und etwas Petersilienpesto ein Gaumenschmaus.

Pizzabrötchen

Pro Portion: 335 kcal, 16 g Eiweiß, 19 g Fett, 26 g Kohlenhydrate

Zutaten für 4 Portionen:

4 Bio-Vollkornbrötchen
5 Champignons
1 rote Zwiebel
1 rote Paprikaschote
4 Scheiben Salami ohne Zucker
Salz und Pfeffer
100 ml Sahne oder Alternative
1 EL Tomatenmark
100 g Emmentaler, gerieben
frischer Oregano oder krause Petersilie

1. Backofen auf 190 °C Ober-/Unterhitze vorheizen. Brötchen halbieren und in jedes eine Kerbe schneiden.
2. Champignons, Zwiebel, Paprika und Salami klein schneiden und in einer Schüssel mit Salz und Pfeffer vermischen.
3. Die Sahne steif schlagen, mit Tomatenmark, Käse, Gemüse und Salami zu einer Masse vermischen.
4. Mit der so entstandenen Masse die Brötchenhälften bestreichen. Auf einem Backblech verteilen und anschließend 15–20 Minuten backen. Kräuter hacken und die Brötchenhälften damit bestreuen.

TIPPS:

Statt Salami kannst du luftgetrockneten Prosciutto nehmen. Variation: gehackte Oliven und kleine Brokkoliröschen sorgen für einen besonderen Geschmack. Champignons und Zwiebel kannst du vorher anbraten, für mehr Aroma.

Gefülltes Hähnchen

Pro Portion: 335 kcal, 36 g Eiweiß, 18 g Fett, 5 g Kohlenhydrate

Zutaten für 4 Portionen:

4 Hähnchenbrustfilets
2 EL Sojasoße
grober Pfeffer
½ TL geräuchertes Paprikapulver
1 Tomate oder einige eingeweichte getrocknete Tomaten
125 g Mozzarella
1 kleine Zucchini
2–3 TL Öl
1 Knoblauchzehe
3 EL saure Sahne
Salz und Pfeffer
frischer Schnittlauch, klein geschnitten, als Topping

1. Fleisch mit Sojasoße, Pfeffer und Paprika gut vermischen und für 40 Minuten zur Seite stellen. (Über Nacht wird es noch aromatischer.)

2. Tomate, Mozzarella und Zucchini in jeweils 16 Stücke schneiden (zum Befüllen der Filettaschen).

3. Den Backofen auf 190 °C Ober-/Unterhitze vorheizen. Jedes Filet 4-mal waagerecht anschneiden Mit Käse und Gemüse befüllen.

4. Das Öl in ein kleines tiefes Backblech geben und das gefüllte Fleisch hinzufügen, mit dem Einschnitt nach oben. Knoblauch pressen, mit Sahne und Pfeffer vermischen und auf dem Fleisch verteilen. Hähnchen 35–40 Minuten backen. Mit Schnittlauch toppen.

Spaghetti Mascarpone

Pro Portion: 605 kcal, 17 g Eiweiß, 36,3 g Fett, 54 g Kohlenhydrate

Zutaten für 2 Portionen:

200 g Vollkornspaghetti
15 g Macadamianüsse
1 Bio-Zitrone
100 g Champignons
2 EL Rapsöl
5 g glatte Petersilie, gehackt
100 g Mascarpone
150 ml Gemüsebrühe
Salz und Pfeffer

1. Die Spaghetti nach Packungsanweisung zubereiten und in ein Sieb abgießen. Die Macadamianüsse klein hacken.

2. Etwas Schale von der Zitrone abreiben und die Zitrone auspressen. Die Champignons putzen, in Scheiben schneiden und im heißen Rapsöl zusammen mit der Petersilie anbraten.

3. Mascarpone, Zitronensaft und Brühe vermischen und kurz aufkochen lassen. Jetzt die abgeriebene Zitronenschale einrühren, mit Salz und Pfeffer würzen.

4. Die Spaghetti in die Soße einrühren und zusammen mit den Pilzen und gehackten Macadamianüssen servieren.

Süßkartoffel-Blumenkohl-Püree mit groben Sojaschnetzeln in Champignonsoße

Pro Portion: 619 kcal, 46 g Eiweiß, 16 g Fett, 63 g Kohlenhydrate

Zutaten für 2 Portionen:

Für das Püree:
300 g Süßkartoffeln
300 g Blumenkohl
Salz
½ TL Butter
1 kleiner Schuss Milch

Für die schnelle Champignonsoße:
350 g braune Champignons
1 Knoblauchzehe
½ TL Butter
50 g rote Zwiebel, fein geschnitten
Gewürze nach Geschmack (z. B. Salz, Pfeffer, geräuchertes Paprikapulver, 1 Messerspitze rote Currypaste, Kreuzkümmel)
500 ml warmes Wasser, mit 10 g Gemüsebrühepulver vermischt.
1 Msp. rote Currypaste,
50 ml Hafer Cusine, Schmand oder Sahne
20 g Dinkelmehl Type 1050 oder Vollkornmehl
135 g Sojaschnetzel

1. Süßkartoffeln und Blumenkohl im Salzwasser al dente kochen. Danach abtropfen lassen. Alle Zutaten in einen Topf geben und pürieren. (Am besten erst dann pürieren, wenn Soße und Schnetzel fertig sind, also kurz vorm Servieren. Bis dahin warm halten.)

2. Für die Soße die Champignons putzen und in dünne Streifen schneiden. Den Knoblauch pressen. In einer Pfanne die Butter erhitzen. Die Zwiebel darin kurz anbraten. Champignons und Knoblauch dazugeben und goldbraun braten. Nach Geschmack würzen. Die Pfanne mit den Champignons zur Seite stellen.

3. Gemüsebrühe, Gewürze und einen größeren Teil der Champignonmischung mit Currypaste und 50 ml Hafer Cusine in einem Topf zum Kochen bringen. Das Mehl mit etwas Wasser glatt verrühren und in die Soße geben. Nach Geschmack weniger oder mehr Mehl verwenden. Das Ganze aufkochen und ständig umrühren, damit es nicht anbrennt. Wenn das Ganze eingedickt ist, zur Seite stellen.

4. Sojaschnetzel nach Packungsbeilage zubereiten, danach das Wasser gut ausdrücken. Dann die Schnetzel in einer Pfanne mit der restlichen Butter und deinen Lieblingsgewürzen anbraten und mit der Soße vermischen.

5. Mit dem Püree servieren und mit den restlichen Champignons dekorieren.

Schinken-Nudel-Auflauf

Pro Portion: 350 kcal, 23 g Eiweiß, 16 g Fett, 25 g Kohlenhydrate

Zutaten für 8 Portionen:

350 g Hülsenfrüchte-Nudeln deiner Wahl
200 g Prosciutto
200 Zucchini
100 g Cocktailtomaten
1 EL Butter
2 EL frischer Dill, gehackt

Für die Soße:
2 EL Butter oder Öl
1 EL Vollkornmehl oder Dinkelmehl Type 1050
200 ml Milch oder Alternative
2 EL Sahne
1 gute Prise Muskatnuss
½ TL Gemüsebrühepulver
Salz und Pfeffer
150 g Käse, gerieben

1. Nudeln 2 Minuten kochen oder die Hälfte der angegebenen Garzeit. Anschließend in ein Sieb abgießen.

2. Schinken und gewaschene Zucchini klein schneiden. Tomaten waschen und halbieren. Die Nudeln mit Butter, Schinken, Gemüse und Dill vermischen. In einer Auflaufform verteilen (ggf. die Form vorher einfetten).

3. Den Backofen auf 180 °C Ober-/Unterhitze vorheizen.

4. Für die Soße die Butter schmelzen und mit Mehl vermischen (eine Mehlschwitze herstellen). Mit Milch ablöschen und unter ständigem Rühren aufkochen. Sahne und Gewürze hinzufügen. Von der Kochstelle nehmen. Mit dem Schneebesen kurz aufschlagen und mit Käse vermischen. Auf den Nudeln verteilen. Im Ofen 15–20 Minuten überbacken, bis die Nudeln gar sind.

TIPPS:

Du kannst anstatt Schinken auch Dosenfisch verwenden, z. B. Sardinen. Die Soße eignet sich auch als Béchamel für Lasagne. Die Backzeit variiert je nach Nudelschicht und Größe der Auflaufform. Für helle Soßen nutze ich gern Dinkelmehl Type 1050. Durch den Fettgehalt passt hier die Glykämische Last, und die Soße sieht appetitlicher aus. Die Mehlschwitze ist damit auch einfacher herzustellen.

P
S

Sellerietaler

Pro Portion: 291 kcal, 8,5 g Eiweiß, 15 g Fett, 30 g Kohlenhydrate

Zutaten für 6 Portionen:

2 kleine halbgare Sellerieknollen (1 kg)
Saft von 1 Zitrone
100 g gehackte, geröstete Haselnüsse
Öl zum Braten

Für den Teig:
200 ml Kefir
100 g Vollkorndinkelmehl
1 Ei
1 EL Öl
1 Prise Muskatnuss
Salz und Pfeffer

1. Sellerieknollen in 1–1,5 cm dünne Scheiben schneiden. Danach mit Zitronensaft beträufeln und zur Seite stellen.
2. Alle Teigzutaten vermischen und mit einem Handrührgerät leicht aufschäumen.
3. Sellerietaler im Teig wälzen und in einer Pfanne mit Öl ausbraten. Mit gerösteten Nüssen servieren.

TIPP:
Du magst keinen Knollensellerie? Ersetze ihn einfach durch Zucchini.

Pizza- und Pastasoße

Pro Portion: 137 kcal, 1 g Eiweiß, 13 g Fett, 3 g Kohlenhydrate

Zutaten für 8 Portionen:

3 Knoblauchzehen
1 große Zwiebel
100 ml Olivenöl
15 g Bacon
100 ml trockener Weißwein oder Gemüsebrühe
3 große, reife Tomaten
Salz und Pfeffer
150 ml heißes Wasser
1 TL frisches Basilikum, gehackt (oder getrocknet)
1 TL Schnittlauch, gehackt

1. Knoblauch und Zwiebel klein hacken und im Topf mit Olivenöl dünsten. Bacon in kleine Würfel schneiden und mitdünsten.

2. Mit dem Wein ablöschen und so lange köcheln lassen, bis die Mischung anfängt zu kochen.

3. Tomaten schälen und entkernen, danach würfeln und mit Salz, Pfeffer und dem heißen Wasser in die Pfanne geben. 25 Minuten köcheln lassen.

4. Für die Pizza die Soße passieren. Zu Nudelgerichten kann sie direkt serviert werden. Mit gehakten Kräutern vermischen.

Nudel-Brokkoli-Salat

Pro Portion: 528 kcal, 41 g Eiweiß, 21 g Fett, 47 g Kohlenhydrate

Zutaten für 1 Portionen:

½ Brokkoli (circa 200 g)
50 g Hähnchenbrustfilet
50 g Linsennudeln
40 g Käse (z. B. Old Amsterdam)
½ EL Joghurt
½ EL Mayonnaise
Salz und Pfeffer
40 g Ananasstückchen aus der Dose ohne Zucker (optional)

1. Brokkoli in kleine Röschen teilen, putzen und circa 5–10 Minuten dünsten oder dampfgaren. Er sollte noch Biss haben.

2. Fleisch in kleine Würfel schneiden, würzen und anbraten. Danach zu Seite stellen und erkalten lassen.

3. Nudeln nach Packungsanleitung kochen und in einem Sieb abtropfen und erkalten lassen.

4. Käse in Würfel schneiden. Aus Joghurt und Mayonnaise eine Soße herstellen. Alles miteinander vermischen.

5. Nach Belieben Ananas dazugeben und servieren.

Kürbis-Curry

Pro Portion: 378 kcal, 12 g Eiweiß, 18g Fett, 42 g Kohlenhydrate

Zutaten für 4 Portionen:

2 kleine rote Zwiebeln
500 g Hokkaidokürbis, geschält und klein geschnitten
1 TL Rapsöl
250 g Karotten, z. B. gelbe
250 g Zucchini
½ rote Paprikaschote
½ gelbe Paprikaschote
130 g Kichererbsen (Abtropfgewicht von 1 kleinen Dose)
2 Knoblauchzehen
etwas Ingwer
2 TL rote Currypaste (Schärfe nach Geschmack)
100 ml Gemüsebrühe
200 ml Kokosmilch oder -sahne
400 ml passierte Tomaten
2 TL Currypulver
30 g geröstete Cashewkerne
Salz und grober Pfeffer
etwas Zitronensaft nach Geschmack
15 g krause Petersilie, gehackt

1. Zwiebeln klein schneiden. Hokkaidokürbis mit Zwiebeln und Öl in einem Topf anbraten bis es Al dente ist.

2. Karotten, Zucchini und Paprika würfeln und dazugeben. Mit dünsten und anschließend die abgetropften Kichererbsen dazugeben und vermischen.

3. Knoblauch und Ingwer pressen und alles mit der roten Currypaste kurz anbraten, gut vermischen und mit Gemüsebrühe und Kokosmilch ablöschen.

4. Passierte Tomaten und Currypulver untermischen und 20 Minuten köcheln lassen. Cashewkerne grob hacken und dazugeben. Mit Salz, Pfeffer und etwas Zitronensaft abschmecken.

5. Mit Petersilie bestreuen und servieren.

Riesenbohnen nach Papas Art

Pro Portion: 430 kcal, 25 g Eiweiß, 19 g Fett, 31 g Kohlenhydrate

Zutaten für 4 Portionen:

800 g Riesenbohnen (2 Dosen)
2 l Wasser
Salz und Pfeffer
150 g Wurst (gute Qualität, am besten ohne Zucker)
125 g Bacon
etwas Bio-Hähnchenfleisch (optional)
etwas Öl
40 g Tomatenmarkkonzentrat
1 EL getrockneter Majoran
Salz und Pfeffer
1 EL Butter
1–2 EL Dinkelmehl Type 1050 oder Vollkornmehl

1. Bohnen abtropfen lassen. In einen Topf mit 2 l Wasser und etwas Salz geben und circa 5–7 Minuten kochen lassen.

2. Wurst, Bacon und gegebenenfalls Hähnchenfleisch klein schneiden, in einer Pfanne anbraten und wenn nötig etwas Öl hinzufügen. Zu den Bohnen geben. Kochen, bis die Bohnen gar sind.

3. Tomatenmark untermischen und nach Geschmack mit Majoran, Salz und Pfeffer würzen.

4. Aus Butter, Mehl und etwas kaltem Wasser eine Mehlschwitze herstellen und mit in den Topf geben.

Nudeln mit Babyspinat, gegrillter Birne und Gorgonzola

Pro Portion: 447 kcal, 22 g Eiweiß, 21 g Fett, 38 g Kohlenhydrate

Zutaten für 4 Portionen:

200 g Linsennudeln
300 g Babyspinat
60 g Walnüsse
2 Birnen (süße Sorte)
1 EL Butter
1 EL Olivenöl
100 g Gorgonzola

1. Nudeln nach Packungsanleitung kochen und in ein Sieb abgießen.

2. Spinat waschen und trocken tupfen. Die Walnüsse hacken. Die Birne waschen und der Länge nach teilen und dann in 1 cm dicke Scheiben schneiden. Mit ½ EL Butter grillen.

3. In einer Pfanne mit der restlichen Butter den Spinat kurz anbraten. Die Nudeln dazugeben und mit Olivenöl vermischen. Herausnehmen.

4. Gorgonzola würfeln. Mit den Birnen und den Nüssen auf die Nudeln geben und servieren.

Salat mit Buchweizen und Avocado

Pro Portion: 307 kcal, 14 g Eiweiß, 12 g Fett, 38 g Kohlenhydrate

Zutaten für 4 Portionen:

100 g Buchweizen
4 Schalotten
1 Salatgurke
2 Paprikaschoten (rot und orange)
10 Cocktailtomaten
40 g Radicchio
1 Avocado
1 TL Xylit
2 EL Balsamico-Essig
200 g Frischkäse
5 g Schwarzkümmel

1. Buchweizen nach Packungsanleitung kochen und erkalten lassen.

2. Die Schalotten vierteln. Das restliche Gemüse waschen und klein schneiden. Ebenso die Avocado.

3. Die Schalotten mit Xylit in einem kleinen Topf glasieren. Danach den Buchweizen mit Gemüse und Avocado vermischen.

4. Mit Balsamico-Essig, Frischkäse und Schwarzkümmel vermischen und servieren.

Salat mit Perlgraupen und Kürbis

Pro Portion: 273 kcal, 9 g Eiweiß, 12 g Fett, 30 g Kohlenhydrate

Zutaten für 4 Portionen:

100 g Perlgraupen
100 g braune Champignons
2 EL Butter
400 g Kürbis, geschält und in sehr kleine Würfel geschnitten
Salz und Pfeffer
40 g Kürbiskerne
1 EL Olivenöl

1. Graupen nach Packungsanleitung kochen.
2. Währenddessen die Champignons putzen, in Scheiben schneiden, mit 1 El Butter goldbraun anbraten und aus der Pfanne nehmen.
3. Anschließend den Kürbis mit der restlichen Butter in einer Pfanne circa 10–15 Minuten anbraten, bis er Al dente ist, und würzen.
4. Danach alle Zutaten vermischen und noch warm servieren.

DESSERTS

Kidneybohnen-Kakao-Waffeln

Pro Portion: 333 kcal, 19,74 g Eiweiß, 11,9 g Fett, 37,14 g Kohlenhydrate

Zutaten für 1 Portion:

120 g Kidneybohnen aus der Dose, ohne Zucker
1 Ei
5 ml Kokosöl, erwärmt
25 g Dinkelvollkornmehl
3 g Backkakao
2 g Backpulver
2 g gemahlener Kardamom
Zuckeralternative, z. B. Puderxucker (optional)
2 g Zimt

1. Die Kidneybohnen abtropfen lassen und kurz durchspülen.
2. In einem Standmixer Bohnen, Ei und Kokosöl zu einer glatten Masse fein pürieren.
3. Mehl, Kakao, Backpulver, Kardamom, Zuckeralternative und Zimt zu einer glatten Waffelmasse vermengen.
4. In einem gut erhitzten und beölten Waffeleisen Waffeln ausbacken.

Pancake Coconut

Pro Portion: 257 kcal, 18,66 g Eiweiß, 15,02 g Fett, 7,24 g Kohlenhydrate

Zutaten für 1 Portion:

2 Eier
50 ml Milch oder Milchalternative
24 g Kokosmehl

1. Alle Zutaten miteinander vermengen und für 5 Minuten zur Seite stellen.
2. Fettfrei in einer antihaftbeschichteten Pfanne Pancakes goldbraun ausbraten.

Pfannkuchen mit Pfirsichquark

Pro Portion: 418 kcal, 31,87 g Eiweiß, 11,83 g Fett, 48,64 g Kohlenhydrate

Zutaten für 1 Portion:

45 g Dinkelvollkornmehl
1 Ei
circa 40 ml Wasser
5 g Kokosöl
60 g Pfirsiche (aus der Dose ohne Zucker)
100 g Quark
3 g Xucker Premium oder Süßungsmittel nach Wahl
25 g Naturjoghurt (optional)

1. Mehl, Ei und etwas Wasser zu einem Pfannkuchenteig verrühren. Das Wasser langsam hinzufügen, bis die gewünschte Konsistenz erreicht ist.

2. In einer mit Kokosöl erhitzten Pfanne die Pfannkuchen ausbacken.

3. Pfirsiche waschen und in Würfel schneiden. Quark mit Süßungsmittel und Joghurt vermengen. Wer es dickflüssiger mag, kann den Joghurt weglassen. Danach mit Pfirsichstücken vermischen.

4. Vor dem Servieren die Pfirsich-Quark-Masse auf die Pfannkuchen verteilen.

Karotten-Smoothie

Pro Portion: 200 kcal, 6,27 g Eiweiß, 9,64 g Fett, 23,45 g Kohlenhydrate

Zutaten für 1 Portion:

40 g Pfirsiche
10 g Gojibeeren
45 g Karotten
100 g Joghurt (griechischer oder Kokosjoghurt)
50 g Orange
125 ml Wasser

1. Obst und Gemüse gut waschen und in kleinere Stücke schneiden.

2. Alle Zutaten in einen Mixer geben und zu einem Smoothie verarbeiten.

Kokosmakronen

Pro 2 Portionen: 196 kcal, 3,7 g Eiweiß, 15 g Fett, 16,71 g Kohlenhydrate

Zutaten für 4 Portionen:

120 g Banane
1 Ei
10 g Rapsöl
2 g Ceylonzimt
70 g Kokosraspel
24 g helles Vollkornmehl

1. Ofen auf 180 °C Umluft vorheizen.
2. In einer Schüssel Banane, Ei und Öl zu einer glatten Masse pürieren. Zimt und Kokosraspel zu der Masse hinzufügen. Alles verrühren und währenddessen löffelweise das Mehl dazugeben.
3. Auf einem mit Backpapier ausgelegten Blech mithilfe eines Löffels oder Spitzbeutels die Makronenmasse verteilen.
4. Makronen 8–10 Minuten ausbacken. Sie können leicht verbrennen, die Makronen darum am besten im Auge behalten.

Haselnusscreme

Pro Creme: 620 kcal, 17,4 g Eiweiß, 5,8 g Fett, 112,8 g Kohlenhydrate

Zutaten für 1 Glas (300ml):

Honig (optional)
240 g Kidneybohnen
60–100 g süße Schokosoße von Xucker
30 ml Haselnussdrink ohne Zucker
20 g Backkakao

1. Falls Honig verwendet wird, diesen kurz im Wasserbad erwärmen, damit er flüssig wird.

2. Danach alle Zutaten mit einem Stabmixer zu einer Creme pürieren. Die Konsistenz kannst du mit der Milchmenge oder Soße bestimmen.

Kuchen im Glas

Pro Portion: 440 kcal, 15,8 g Eiweiß, 14,6 g Fett, 57,4 g Kohlenhydrate

Zutaten für 1 Portion:

40 g Hirse
250 ml Milch 1,5 % Fett
1 Apfel (150 g)
25 g Xucker Premium oder Xucker Bronxe
5 g Ceylonzimt
15 g Walnüsse oder Mandeln
circa 1 EL Wasser

1. Die Hirse in der Milch weich kochen, dabei ständig umrühren. Danach zudecken und für 20 Minuten zur Seite stellen.

2. Den Apfel waschen, grob raspeln oder klein schneiden und mit etwas Wasser anbraten. Xylit und Zimt dazugeben und kurz karamellisieren. Die Nüsse grob hacken.

3. Die Hirse in ein Glas geben, danach den Apfel drauf verteilen und mit Nüssen bestreuen.

Schokokuchen mit Joghurtsoße

Pro Portion: 148,3 kcal, 7,6 g Eiweiß, 4 g Fett, 21,1 g Kohlenhydrate

Zutaten für 10 Portionen:

400 g Kidneybohnen (Dose)
3 Eiweiß
40 g dunkle Schokolade oder eine andere Sorte ohne Zucker
240 g Bananen
40 g Backkakao
8 g Vanillestange , Aroma oder gemahlene Vanille (optional)
10 g Natron
4 g Backpulver
40 g Xylit
40 g getrocknete Cranberrys
200 g Naturjoghurt

1. Backofen auf 180 °C Umluft vorheizen.
2. Kidneybohnen gut abspülen und abtrocknen. Schokolade im Wasserbad schmelzen.
3. In einer Schüssel Bohnen, Bananen, etwas Kakao, etwas Vanille, Schokolade, Natron und Backpulver sowie etwas Süßungsmittel zu einer glatten Masse verrühren.
4. Eiweiß steif schlagen, danach unter die Schokomasse heben. Cranberrys dazugeben.
5. Die vorbereitete Kuchenmasse in 2 Kastenformen geben (je nach Größe der Formen). 70 Minuten ausbacken. Danach vollständig abkühlen lassen.
6. Für die Joghurtglasur den Joghurt erwärmen und mit den restlichen Zutaten vermischen. Kuchen mit Soße servieren.

Käsekuchen mal anders

Pro Portion: 260 kcal, 24,89 g Eiweiß, 8,35 g Fett, 24,10 g Kohlenhydrate

Zutaten für 3 Portionen:

55 g Kichererbsen
10 g Speisegelatine
120 ml Wasser
180 g Quark
35 g Erdnussmus
5 g Ceylonzimt
7 g Xylit
5 g Sesam
50 g Heidelbeeren
100 g Erdbeeren

1. Kichererbsen nach Packungsanleitung weich kochen. Vollständig auskühlen lassen.
2. Gelatine im Wasser auflösen. Quark, Erdnussmus, Zimt, Xylit und Gelatine hinzufügen und pürieren.
3. Die Masse in eine rechteckige Form geben und in den Kühlschrank stellen.
4. Nach 10 Minuten mit Sesam bestreuen und danach circa 1 Stunde in den Kühlschrank stellen.
5. Mit Beeren servieren.

Himbeereis mit Avocado

Pro Portion: 317 kcal, 6,74 g Eiweiß, 21,26 g Fett, 50,19 g Kohlenhydrate

Zutaten für 1 Portion:

120 g Avocado
300 g TK-Himbeeren
5–10 g frische Minze
20 g Kokosmilch
10–20 ml Limettensaft (je nach gewünschter Säure)

1. Alle Zutaten pürieren, in eine gefrierfeste Form geben und für einige Stunden in das Gefrierfach legen, bis die gewünschte Konsistenz erreicht ist.

2. Im 30-Minuten-Takt durchmischen. Alternativ die Masse in eine Eismaschine geben.

Nicecream Nuss-Nougat

Pro Portion: 257 kcal, 4,8 g Eiweiß, 8,34 g Fett, 45,38 g Kohlenhydrate

Zutaten für 2 Portionen:

360 g Bananen
Nuss-Nougat-Creme mit Xylit oder Nussmus nach Wahl
30 g Xylit (optional)

1. Bananen schälen, in Scheiben schneiden und für 3 Stunden ins Gefrierfach stellen.
2. Danach die gefrorenen Bananen und die Nuss-Nougat-Creme pürieren. Optional süßen und servieren.
3. Optional noch einmal für 20 Minuten ins Gefrierfach stellen.

Streuselkuchen mit Hafer und Pflaumen

Pro Portion: 262 kcal, 6,5 g Eiweiß, 7,5 g Fett, 43,9 g Kohlenhydrate

Zutaten für 10 Portionen:

260 g Vollkorndinkelmehl
100 g Haferflocken
2 Eier
150 g Naturjoghurt
50 g Rapsöl
80 g Xylit oder Süßungsmittel nach Wahl
4 g Backpulver
100 ml Milch oder Milchalternative
550 g Pflaumen

1. Backofen auf 130 °C Umluft vorheizen.
2. Mehl, 50 g Haferflocken, Eier, Joghurt, 25 g Öl, circa 70 g Xylit und Backpulver zusammen zu einer Kuchenmasse vermischen. Milch unterrühren.
3. Kuchenteig in einer mit Backpapier ausgelegten Backform verteilen.
4. Pflaumen waschen und entkernen. Pflaumen vierteln und auf dem Kuchenteig mit der Schale nach unten verteilen.
5. Für die Streusel restlichen Xylit, restliches Öl und restliche Haferflocken zerkleinern. Wenn nötig, etwas mehr Öl oder Haferflocken verwenden. Auf dem Kuchen verteilen.
6. Im Ofen auf mittlerer Schiene 30 Minuten ausbacken.

Schokokuchen ohne Mehl

Pro Portion: 315 kcal, 6,11 g Eiweiß, 30,40 g Fett, 5,31 g Kohlenhydrate

Zutaten für 1 Portion:

250 g Xucker-Schokolade ohne Zucker
150 g Kokosöl
5 Eier
1 g Salz
8 ml Vanilleschote oder -aroma oder gemahlene Vanille
200 ml Kokosmilch

1. Den Backofen auf 160 °C Umluft vorheizen.
2. Schokolade und Kokosöl im Wasserbad schmelzen. Zur Seite stellen und abkühlen lassen.
3. Eigelb vom Eiweiß trennen. In einer Schüssel Eiweiß mit Salz steif schlagen.
4. In einer anderen Schüssel Eigelb mit Vanille und Kokosmilch gut vermixen und unter ständigem Rühren das Schokolade-Öl-Gemisch hinzufügen. Das steife Eiweiß vorsichtig unterheben.
5. Teig in eine gefettete Form geben und in 15–20 Minuten im Ofen ausbacken. Der Kuchen hat eine feuchte Konsistenz.

Cocktail-Trio: Banane, Kakao, Erdbeere

Pro Portion: 328 kcal, 15,62 g Eiweiß, 6,20 g Fett, 54,92 g Kohlenhydrate

Zutaten für 1 Portion:

35 g Hirse
280 ml Wasser
1 Prise Salz
80 g Banane
50 g Hüttenkäse
70 ml Milch oder Milchalternative
5 g Backkakao
½ TL Instantkaffee (optional)
50 g Erdbeeren

1. Hirse mit Wasser und Salz zugedeckt circa 10 Minuten kochen. Danach wird der Topf zur Seite gestellt, bis das Wasser aufgesaugt wurde und die Masse Raumtemperatur hat. Wenn sich unten im Topf noch etwas Wasser befindet, dieses nicht abgießen.

2. In einem Mixer Hirse, Banane, Käse und Milch so lange pürieren, bis eine glatte Konsistenz entsteht.

3. Ein Drittel der Masse anschließend in einem Becher mit Kakao und optional Kaffee vermischen und als Erstes in ein hohes Glas (circa 300–400 ml) gegeben. Ein weiteres Drittel darauf verteilen.

4. Das restliche Drittel mit Erdbeeren pürieren und als letzte Schicht in das Glas gegeben.

Orangengötterspeise mit Mascarpone

Pro Portion: 323 kcal, 11,39 g Eiweiß, 12,81 g Fett, 47,73 g Kohlenhydrate

Zutaten für 1 Portion:

8 g Gelatine
etwas Wasser oder Milch (optional)
400 g süße Orangen
30 g Mascarpone

1. Gelatine mit 1 TL kaltem Wasser einweichen und danach mit einigen TL heißem Wasser vermischen.
2. Orangen auspressen und den Saft mit der Gelatine vermischen.
3. In einen Glasbehälter geben und im Kühlschrank erkalten lassen.
4. Mit Mascarpone servieren. Optional als Soße etwas Wasser oder Milch untermischen.

Powerkugeln

Pro Portion: 144 kcal, 5 g Eiweiß, 11 g Fett, 5 g Kohlenhydrate

Zutaten für 3 Portionen:

6 g Buchweizenflocken
10 g weiße Schokolade ohne Zucker
50 g weißes Mandelmus
6 g Yaconsirup oder Zuckeralternative
5 g Kakao plus etwas mehr zum Wälzen (optional Kokosraspel)

1. Buchweizenflocken nicht zu fein in einem Mixer zu Mehl verarbeiten, Schokolade raspeln.
2. Alle Zutaten vermischen.
3. Kugeln formen und im Kakao wälzen.

REZEPTREGISTER

Mit Milchprodukten

ZUTATENREGISTER

L

M

N

O

P

Q

R

S

T

V

W

X

Z

QUELLEN

1. Wang G.: Raison d être of insulin resistance: the adjustable threshold hypothesis. *J R Soc Interface*. 2014,11(101): 20140892
2. Engin A.: Non-Alcoholic Fatty Liver Disease. *Adv Exp Med Biol*. 2017, 960: 443–467.
3. Kutlubay Z., Engin B., Bairamov O., Tüzün Y.: Acanthosis nigricans: A fold (intertriginous) dermatosis. *Clin Dermatol*. 2015, 33(4): 466–470.
4. Wilcox G.: Insulin and Insulin Resistance. *Clin Biochem Rev*. 2005, 26: 19–39.
5. Almendros I., García-Río F.: Sleep apnoea, insulin resistance and diabetes: the first step is in the fat. *European Respiratory Journal*. 2017, 49:1700179.
6. Lyrae Silva N.M., Lam M.P., Soares C.N., Munoz D.P.: Insulin Resistance as a Shared Pathogenic Mechanism Between Depression and Type 2 Diabetes. *Front. Psychiatry*. 2019, 10: 57.
7. Dineley K.T., Jahrling J.B., Denner L.: Insulin Resistance in Alzheimer's Disease. *Neurobiol Dis*. 2014, 72PA: 92–103.
8. Meier R.K.: Polycystic Ovary Syndrome. *Nurs Clin North Am*. 2018, 53(3): 407–420.
9. Radetti G.: Clinical aspects of Hashimoto's thyroiditis. *Endocr Dev*. 2014, 26:15870.
10. Garg S.K., Maurer H., Reed K., Selagamsetty R.: Diabetes and cancer: two diseases with obesity as a common risk factor. *Diabetes,Obesity and Metabolism*. 2014, 16: 97–110.
11. Sakumoto T., Tokunaga Y., Tanaka H., Nohara M., Motegi E., Shinkawa T., Nakaza A., Higashi M.: Insulin resistance/hyperinsulinemia and reproductive disorders in infertile women. *ReprodMed Biol*. 2010, 9(4): 185–190.
12. Gluvic Z., Zaric B., Resanovic I., Obradovic M., Mitrovic A., Radak D., Isenovic E.R.: Link between Metabolic Syndrome and Insulin Resistance. *Curr Vasc Pharmacol*. 2017, 15(1): 30–39.
13. Deutsche Diabeteshilfe [Online]: 7. Februar 2011. [Zitat vom: 19. März 2019.] (https://www.diabetesde.org/pressemitteilung/fuenfte-frau-normalgewicht-hat-insulinresistenz).
14. Stice E., Davis K., Miller N.P., Marti C.N., Fasting Increases Risk for Onset of Binge Eating and Bulimic Pathology: A 5-Year Prospective Study. *J Abnorm Psychol*. 2008 Nov; 117(4): 941–946.
15. Lennerz B., Lennerz J.K.: Food Addiction, High glycaemic index carbohydrates and obesity. *Clin Chem*. 2018, 64:(1): 64–71.
16. Clark J.L., Taylor C.G., Zahradka P.: Rebelling against the insulin resistance: a review of the proposed insuline-sensitizing action of soybeans, chickpeas and their bioactive compounds. *Nutrients*. 2018, 10: 434.
17. Gao Y., Yao Y., Thu Y., Ren G.: Isoflavones in chickpeas inhibit adipocyte differentiation and prevent insulin resistance in 3T3-L1 cells. *J. Agric. Food. Chem*. 2015, 63: 9696–9703.
18. Fruzzetti F., Perini D.,Russo M., Bucci F., Gadducci A.: Comparison of two insulin sensitizers, metformin and myo-inositol, in women with polycystic ovary syndrome (PCOS). *GynecolEndocrinol*. 2017, 33(1): 39–42.
19. Jenkins D.J., Wolever T.M., Taylor R.H., Barker H., Fielden H., Baldwin J.M, Bowling A.C., Newman H.C., Jeninks A.L., Goff D.V.: Glycemic index of foods: a physiological basis for carbohydrate exchange. *The American Journal of Clinical Nutrition*. 1981: 362–366.
20. Atkinson F.S., Foster-Powell K., Brand-Miller J.C.: International tables of glycaemic index and glycaemic load values: 2008. *Diabetes Care*. 2008, 31: 2281–2283.
21. Brand-Miller J.C., Thomas M., Swan V., Ahmad Z.I., Petocz P., Colagiuri S.: Physiological validation of the concept of glycaemic load in lean young adults. Human nutrition and metobalism. 2003, 133: 2695–2696.
22. Schwingshackl L., Hobl L.P., Hoffmann G.: Effects of low glycaemic index/low glycaemic load vs. high glycaemic index/ high glycaemic load diets on overweight/obesity and associated risk factors in childrenand adolescents: a systematic review and meta-analysis. *Nutr J*. 2015, 14: 87.
23. Wolever T.M., Vorster H.H., Björck I., Brand-Miller J., Brighenti F., Mann J.I., Ramdath D.D., Granfeldt Y., Holt S., Perry T.L., Venter C., Xiaomei W.: Determination of the glycaemic index of foods: interlaboratory study. *Eur J Clin Nutr*. 2003, 57(3): 475–482
24. Misra R., Balagopal P., Raj S., Patel T.G. ed: Meat Consumption (Heme Iron Intake) and Risk for

Diabetes and Comorbidities? *Current Diabetes Reports*. 2018, 18: 100.

25. Nordio M. et al.: The 40:1 myo-inositol/D-chiro-inositol plasma ratio is able to restore ovulation in PCOS patients: comparison with other ratios. *Eur Rev Med Pharmacol Sci*. Juni 2019
26. Sortino M.A., Salomone S., Carruba M.O., Drago F.: Polycystic ovary syndrome: insights into the therapeutic approach with Inositols. *Front Pharmacol*. 2017, 8: 341.
27. Garg D., Tal R.: Inositol Treatment and ART outcomes in women with PCOS. *Int J Endocrinol*. 2016:1979654.
28. Gulino F.A., Leonardi E., Marilli I., Musmeci G., Vitale S.G., Leanza S.G., Palumbo M.A.: Effect of treatment with myo-inositol on semen parameters of patients undergoing an IVF cycle: in vivo study. *Gynecol Endocrinol*. 2016, 32(1): 65–68.
29. Mukai T., Kishi T., Matsuda Y., Iwata N.: A meta-analysis of inositol for depression and anxiety disorders. *Hum Psychopharmacol*. 2014, 29(1): 55–63
30. Fruzzetti F., Perini D., Russo M., Bucci F., Gadducci A.: Comparison of two insulin sensitizers, metformin and myo-inositol, in women with polycystic ovary syndrome (PCOS). *Gynecol Endocrinol*. 2017, 33(1): 39–42.

A. Kurzius: *Insulinresistez natürlich behandeln*, riva Verlag, München, 2019.

D. Musiałowska: Insulinooporność. Zdrowa dieta i zdrowe życie, Feeria Verlag, Łódź 2017.

D. Musiałowska: Dieta w insulinooporności M. Makarowska Magdalena, Feeria Verlag, Łódź 2018.

A. Glyda: *Równowaga: Jak ogarnąć dietę i odzyskać spokój, Publicat Verlag, Poznan 2021.*

Shonda Moralis: *Achtsamkeit für Mamas*, Mentor Verlag, Berlin 2020

ÜBER DIE AUTORIN

Alicja Kurzius ist Gründerin des Projekts *Insulinresistenz – der Weg zur Genesung* und Autorin des Buchs *Insulinresistenz natürlich behandeln*. Sie ist Ergotherapeutin mit Spezialisierung auf die Arbeit mit Insulinresistenz- und Hyperinsulinämie-Betroffenen und Gründerin des ersten Insulinresistenz-Projekts in Deutschland mit mehreren Selbsthilfegruppen auf Facebook, da sie selbst von Insulinresistenz, Hyperinsulinämie und PCOS betroffen ist. Sie ist ehemaliges Mitglied und internationale Botschafterin der polnischen Insulinresistenz-Stiftung.

Auf der Informationswebseite findest du weitere Informationen: www.insulinresistenz.club

Auch als **E-Book** erhältlich

272 Seiten
22,00 € (D) | 22,70 € (A)
ISBN 978-3-7423-1095-8

Alicja Kurzius

Insulinresistenz natürlich behandeln

Mit über 70 gesunden, zuckerfreien Rezepten

Übergewicht, Müdigkeit, Konzentrationsschwierigkeiten, Kopfschmerzen, ständiges Hungergefühl, unerfüllter Kinderwunsch – all das kann Folge einer Insulinresistenz sein.
Mit diesem Ratgeber von einer Betroffenen für Betroffene gibt Alicja Kurzius umfassende Hilfestellung: von den Ursachen über die Diagnostik bis zur richtigen Behandlung. Diese besteht aus einer Kombination von Ernährungsumstellung, körperlicher Aktivität und Stressbewältigung. Über 70 alltagstaugliche Rezepte, Sportpläne und praktische Tipps unterstützen auf dem Weg in ein fitteres Leben ohne Insulinresistenz.

riva

Bibliografische Information der Deutschen Nationalbibliothek
Die Deutsche Nationalbibliothek verzeichnet diese Publikation in der Deutschen Nationalbibliografie. Detaillierte bibliografische Daten sind im Internet über http://d-nb.de abrufbar.

Für Fragen und Anregungen
info@rivaverlag.de

Wichtige Hinweise
Dieses Buch ist für Lernzwecke gedacht. Es stellt keinen Ersatz für eine individuelle medizinische Beratung dar und sollte auch nicht als solcher benutzt werden. Wenn Sie medizinischen Rat einholen wollen, konsultieren Sie bitte einen qualifizierten Arzt. Der Verlag und der Autor haften für keine nachteiligen Auswirkungen, die in einem direkten oder indirekten Zusammenhang mit den Informationen stehen, die in diesem Buch enthalten sind.

Ausschließlich zum Zweck der besseren Lesbarkeit wurde auf eine genderspezifische Schreibweise sowie eine Mehrfachbezeichnung verzichtet. Alle personenbezogenen Bezeichnungen sind somit geschlechtsneutral zu verstehen.

Originalausgabe
1. Auflage 2022
© 2022 by riva Verlag, ein Imprint der Münchner Verlagsgruppe GmbH
Türkenstraße 89
80799 München
Tel.: 089 651285-0
Fax: 089 652096

Alle Rechte, insbesondere das Recht der Vervielfältigung und Verbreitung sowie der Übersetzung, vorbehalten. Kein Teil des Werkes darf in irgendeiner Form (durch Fotokopie, Mikrofilm oder ein anderes Verfahren) ohne schriftliche Genehmigung des Verlages reproduziert oder unter Verwendung elektronischer Systeme gespeichert, verarbeitet, vervielfältigt oder verbreitet werden.

Redaktion: Ulrike Reinen
Umschlaggestaltung: Manuela Amode
Umschlagabbildungen: Stephanie Just
Fotos Innenteil: Alicja Kurzius; Karolina Parot: S. 17; Stephanie Just: S.35, 41, 58, 88, 91, 93, 97, 116, 125, 129, 131, 133, 135, 137, 139, 141, 145, 147, 149, 150, 153, 157, 159, 161, 163, 165, 167, 169, 173, 175, 177, 179, 181, 183
Illustrationen Innenteil: shutterstock.com: S.27: Amahce, BudOlga, GoodStudio, Nadya_Art, Vera Serg, Victoruler; S.30: Lucky Project, Ruslan__Grebeshkov
Grafikgestaltungen: Manuela Amode; angelehnt an die Ideen von Janina Di Muzio
Satz: inpunkt[w]o, Haiger (www.inpunktwo.de)
Druck: Florjancic Tisk d.o.o., Slowenien
Printed in the EU

ISBN Print 978-3-7423-2215-9
ISBN E-Book (PDF) 978-3-7453-1986-6
ISBN E-Book (EPUB, Mobi) 978-3-7453-1987-3

Wir produzieren nachhaltig
www.rivaverlag.de

Weitere Informationen zum Verlag findest du unter
www.rivaverlag.de
Beachte auch unsere weiteren Verlage unter www.m-vg.de